D1984156

Neue Geburtstagsrede..

Simone Harland

NEUE GEBURTSTAGSREDEN

Mit kleiner Rednerschule

FALKEN
TaschenBuch

Im FALKEN TaschenBuch sind zahlreiche Titel zu den Themen „Rhetorik“ und „Reden halten“ erschienen. Bitte fragen Sie in Ihrer Buchhandlung.

Dieses Buch wurde auf chlorfrei gebleichtem und säurefreiem Papier gedruckt.

Der Text dieses Buches entspricht den Regeln der neuen deutschen Rechtschreibung

Die Deutsche Bibliothek – CIP-Einheitsaufnahme

Harland, Simone:
Neue Geburtstagsreden : mit kleiner Redner-Schule / Simone Harland
– Orig.-Ausg. – Niedernhausen/Ts. : FALKEN TaschenBuch, 1997
ISBN 3-635-60126-8

Originalausgabe
ISBN 3 635 60126 8

© 1997 by FALKEN Verlag, 65527 Niedernhausen/Ts.
Die Verwertung der Texte und Bilder, auch auszugsweise, ist ohne Zustimmung des Verlags urheberrechtswidrig und strafbar. Dies gilt auch für Vervielfältigungen, Übersetzungen, Mikroverfilmung und für die Verarbeitung mit elektronischen Systemen.

Umschlaggestaltung: Zembsch' Werkstatt, München
Gestaltung: Bettina Christ
Redaktion: Heike Czarnetzki, Erding/Karin Schulze-Langendorff
Herstellung: Bettina Christ
Titelbild: Bavaria, München/FPG
Satz: FALKEN Verlag, Niedernhausen/Ts.
Druck: Wiesbadener Graphische Betriebe GmbH, Wiesbaden

Die Ratschläge in diesem Buch sind von der Autorin und vom Verlag sorgfältig erwogen und geprüft, dennoch kann eine Garantie nicht übernommen werden. Eine Haftung der Autorin bzw. des Verlags und seiner Beauftragten für Personen-, Sach- und Vermögensschäden ist ausgeschlossen.

817 2635 4453 6271

Inhalt

Vorwort

Allein bei dem Gedanken eine Rede halten zu müssen, werden viele Menschen ganz nervös. Schließlich sind es die Wenigsten gewohnt, vor einer größeren Gruppe zu sprechen. Wer jedoch schon einmal eine erfolgreiche Rede gehalten hat, weiß, dass es großen Spaß machen kann, andere mit den eigenen Worten mitzureißen.

Auch wenn Sie es zunächst nicht glauben wollen: Jeder kann eine gelungene Ansprache halten! Dazu gehört nur eine ausreichende Vorbereitung und ein wenig Übung. Selbst Profiredner treten nur ganz selten unvorbereitet vor ein Mikrofon – viele studieren ihre Rede vorher gründlich ein, um den gewünschten Effekt zu erzielen.

Wenn Sie nun gebeten werden anlässlich einer Geburtstagsfeier eine Rede zu halten oder selbst gern einige Worte an das Geburtstagskind richten möchten, zögern Sie nicht lange: Entscheiden Sie sich dafür! Denken Sie daran, dass Sie dem Geburtstagskind damit eine große Freude machen und ihm auf diese Weise Ihre Wertschätzung zeigen können. Das sollte Grund genug sein ein wenig Zeit in die Vorbereitung einer Rede zu investieren.

Dieses Buch will Ihnen bei der Ausarbeitung Ihrer Geburtstagsrede mit Rat und Tat beiseite stehen. In der kleinen Rednerschule zu Beginn erfahren Sie Tricks und Kniffe für eine ansprechende und interessante Gestaltung Ihrer Rede. Sie erfahren außerdem, wie man sich am besten auf die Redesituation vorbereitet und was Sie tun können, damit Ihre Rede zum Erfolg wird.

Den größten Teil des vorliegenden Buches nehmen die Musterreden ein. Dies sind bereits vorgefertigte Reden für die verschiedensten Geburtstage und die unterschiedlichsten Rednerrollen: von der Rede zur Geburt eines Kindes bis hin zur Ansprache eines Mitarbeiters zum Geburtstag des Chefs. Hier können Sie sich Tipps und Anregungen holen, Sie können selbstverständlich auch Teile der Reden in Ihre persönliche Ansprache übernehmen. Ganz zum Schluss dieses Buches finden Sie einige Zitate und Bonmots berühmter und weniger bekannter Persönlichkeiten, mit denen Sie Ihre Ansprache würzen können.

Und nun viel Spaß und vor allem viel Erfolg beim Ausarbeiten und Halten Ihrer Rede!

Tipps für eine erfolgreiche Rede

Offizielle Ansprachen und Reden im Familien- und Freundeskreis

Sie können sich sicher vorstellen, dass sich Ansprachen aus offiziellem Anlass und Reden im privaten Kreis stark voneinander unterscheiden. Während eine Rede von Angehörigen und Freunden in der Regel wohlwollend aufgenommen wird, kann man dies bei einem fremden Publikum nie so ganz genau wissen. Ansprachen zum Geburtstag sind jedoch immer Festreden, mit denen eine ganz bestimmte Person, nämlich das Geburtstagskind, geehrt werden soll. Solche Reden erhalten grundsätzlich eine freundliche Resonanz – schließlich will niemand mit einer Geburtstagsrede andere von seiner Meinung überzeugen. Der Redner will dem Menschen, der Geburtstag feiert, seine Wertschätzung und die der übrigen Zuhörer vermitteln und auf diese Weise zum Gelingen des Festes beitragen.

Sie brauchen keine Angst vor Ihrem Publikum zu haben. Ihre Zuhörer werden es zu schätzen wissen, dass Sie stellvertretend für alle anderen dem Geburtstagskind gratulieren. Denn vor dieser Aufgabe drückt man sich oft recht gern.

Allerdings macht es einen kleinen Unterschied, ob Sie Ihre Rede an jemanden richten, der Ihnen nahe steht, oder ob Sie Ihre Ansprache während einer offiziellen Feier beispielsweise zu Ehren Ihres Chefs halten. Sie können sich vorstellen warum. Eine Rede für Ihren Vorgesetzten darf und wird nie so vertraulich sein wie eine Geburtstagsrede für einen nahen Verwandten oder einen guten Freund. Schließlich müssen Sie die Position Ihres Chefs respektieren und die Rede in jedem Fall förmlicher, aber dennoch freundlich gestalten.

Halten Sie Ihre Rede auf einer privaten Feier, können Sie selbstverständlich einen lockereren Ton anschlagen als zu einem offiziellen Anlass. Denken Sie dennoch immer daran, dass Sie dem Geburtstagskind mit Ihrer Rede eine Freude machen wollen. Aus diesem Grund gehört nichts in Ihre Ansprache, was auch nur annähernd verletzend oder peinlich für das Geburtstagskind sein könnte. Überlegen Sie sehr genau, ob Sie nicht auf manche Pointe lieber verzichten, weil sie auf Kosten des Gastgebers gehen könnte. Humorvoll darf Ihre Rede natürlich sein, nur Schadenfreude ist unangebracht.

Persönlicher als bei einer offiziellen Ansprache dürfen Sie in einer Rede im Familien- und Freundeskreis gerne werden – es ist sogar wünschenswert, weil Ihr Vortrag sonst leicht zu steif und förmlich wirken könnte. Zeigen Sie dem Gastgeber Ihre Gefühle und machen Sie den anderen Zuhörern klar, warum es sich bei dem Geburtstagskind um einen ganz besonderen Menschen handelt. Sie können gern auch Begebenheiten aus dem Leben des Geburtstagskindes schildern, die Sie für besonders erwähnenswert halten. Doch auch hier heißt es: Plaudern Sie nicht zu sehr aus dem Nähkästchen. Wägen Sie ab, welche Geschichten Sie erzählen können, ohne den Gastgeber in irgendeiner Art und Weise zu verletzen. Natürlich hängt es ganz vom Naturell des Geburtstagskindes ab, was Sie berichten können: Es gibt nun einmal empfindsamere und weniger empfindsame Naturen.

Falls Sie große Furcht vor Ihrem Vortrag haben sollten, denken Sie daran: Im Freundes- und Familienkreis erwartet niemand von Ihnen, dass Ihre Rede perfekt ist. Sie soll die Feier auflockern und ihr neue Impulse geben. Achten Sie jedoch unbedingt darauf, dass Sie sich bei Ihrem Vortrag nicht verstellen. Wenn Sie eine Mimik und Gestik an den Tag legen, die nicht zu Ihnen passt, fällt das im privaten Rahmen wesentlich rascher auf als bei einem offiziellen Anlass. Schließlich kennen die meisten der Geburtstagsgäste Sie und wissen, wie Sie sich normalerweise verhalten.

Eine Kleinigkeit noch: Strapazieren Sie die Geduld Ihrer Zuhörer nicht zu sehr. Sie wissen selbst, dass es ab einem bestimmten Zeitpunkt schwierig wird einer Rede zu folgen. Sie wollen doch, dass Ihre Zuhörer und vor allem das Geburtstagskind Ihre Ansprache in angenehmer Erinnerung behalten und nicht vor Erleichterung aufseufzen, wenn Sie endlich zum Schluss kommen.

Gute Vorbereitung – der Weg zum Erfolg

Wie sagte der ehemalige britische Premierminister und Literaturnobelpreisträger Winston Churchill doch so treffend: „Am meisten Vorbereitung kosten mich immer meine spontan gehaltenen, improvisierten Reden." Auch wenn Sie es zunächst nicht glauben mögen, jede Rede, vor allem eine kurze, erfordert eine gründliche Vorbereitung. Daher sollten Sie in keinem Fall bis kurz vor dem Redetermin mit der Planung und Ausarbeitung Ihres Vortrags warten! Im Gegenteil: Sobald Ihnen das Datum bekannt ist, sollten Sie sich Gedanken über Thema und Aufbau Ihrer Ansprache machen.

Möglicherweise werden Sie jetzt erstaunt fragen, warum Sie so früh mit der Redevorbereitung beginnen sollen. Das hat ganz einfache Gründe: Sie müssen zunächst Material für Ihre Rede sammeln – schließlich benötigen Sie ein Thema oder einen Aufhänger, um Ihre Rede interessant zu gestalten. Es ist in jedem Fall sinnvoll, zunächst mehrere Themen oder Aufhänger zur Verfügung zu haben, damit man die Rede genau auf das Geburtstagskind zuschneiden kann. Das gesammelte Material müssen Sie anschließend sichten, bis Sie der Ansicht sind den richtigen Aufhänger für Ihre Rede gefunden zu haben. Haben Sie sich nun entschieden, kommt erneut eine gewaltige Kraftanstrengung auf Sie zu: Sie müssen die Rede formulieren. Auf Anhieb werden Sie wahrscheinlich nur im

Ausnahmefall die richtigen Worte finden. Das bedeutet, Sie werden Ihren Vortrag vermutlich mehrmals verändern, längen oder kürzen. Und weil Sie Ihre Rede sicherlich nicht ablesen wollen (das macht sich nicht so gut), müssen Sie Ihren Vortrag letztendlich auch noch einüben, was ebenfalls einige Zeit in Anspruch nehmen kann. Sie sehen also, es ist besser, für die Vorbereitung einer Rede ausreichend Zeit zu haben, als kurz vor dem Termin hektisch noch eine Ansprache zusammenzimmern zu müssen. Von der Hektik einmal ganz abgesehen: Sie wollen doch, dass Ihre Rede bei Ihren Zuhörern und vor allem beim Geburtstagskind gut ankommt? Einer Rede, die auf die Schnelle produziert wurde, merkt man das oft an – sie wird nur im Ausnahmefall genauso gut sein wie eine Rede, die gewissenhaft und mit Liebe zum Detail vorbereitet wurde.

Zu Beginn Ihrer Vorbereitung ist es sinnvoll, alles Material zu sammeln, das Sie zum Thema Geburtstag oder Geburt finden. Wenn Sie beispielsweise in Zeitungen oder Zeitschriften zufällig darauf stoßen, dass berühmte Persönlichkeiten am gleichen Tag Geburtstag feiern wie „Ihr" Geburtstagskind, schneiden Sie den Artikel, in dem Sie dies gelesen haben aus – möglicherweise wird dies der Aufhänger Ihrer Rede? Sie können natürlich auch in die Bibliothek gehen und in Nachschlagewerken oder alten Zeitungen (die oft als Mikrofilm vorhanden sind) nachschauen, was am Tag der Geburt Ihres Gastgebers geschehen ist oder was im Laufe der Jahre an diesem Tag in der Welt an Aufsehenerregendem passiert ist. Machen Sie sich Kopien oder Notizen – möglicherweise ist dies das Material, das Sie für Ihre Rede gebrauchen werden. Vielleicht machen Sie sich aber auch auf die Suche nach Zitaten zum Geburtstag oder zum Älterwerden. Es ist kein Problem, rund um solch ein Zitat eine ganze Rede aufzubauen. Selbstverständlich können Sie sich ebenfalls Ihre eigenen Gedanken über den Geburtstag an sich oder über das Geburtstagskind notieren – eventuell finden Sie diese ja brauchbarer als all das andere Material, das Sie entdecken.

Möglicherweise möchten Sie Ihre Rede auch auf einer persönlichen Erinnerung des Geburtstagskindes aufbauen. Sie können beispielsweise darüber berichten, über welches Geschenk sich der Gastgeber in seiner Kindheit besonders gefreut hat, Sie können aber auch die Gefühle des Geburtstagskindes beim Älterwerden schildern. Natürlich müssen Sie dazu ebenfalls Recherchen anstellen. Sie haben die Möglichkeit, Verwandte und Freunde zu befragen; wenn Sie vorsichtig sind, können Sie sogar mit dem Gastgeber darüber reden, ohne dass er Ihre Absicht bemerkt.

Auch gemeinsame Erinnerungen können als Aufhänger Ihrer Rede dienen, zum Beispiel ein schöner Urlaub, den Sie zusammen verbracht haben, oder ein anderes schönes Erlebnis. Wenn Sie sich schon lange kennen, kann auch die Geschichte Ihres Kennenlernens Thema Ihres Vortrags sein. Vielleicht gibt es auch besonders witzige Ereignisse im Leben des Geburtstagskindes, über die Sie berichten können. Dabei müssen Sie – Sie ahnen es schon – allerdings sehr aufpassen, dass die Situationen, die Sie schildern, dem Gastgeber nicht peinlich sind, sondern dass er selbst darüber lachen kann.

Bei einem höheren Geburtstag ist es auch sehr beliebt, den Lebensweg des Geburtstagskindes nachzuzeichnen und sein Lebenswerk zu würdigen. Dies erfordert natürlich wiederum genaue Recherchen im Verwandten- und Freundeskreis. Fragen Sie auch nach interessanten Details – sie sind es, die die Rede würzen. Wenn nur der Werdegang wiedergegeben wird, kann solch eine Ansprache leicht langweilig wirken. Falls Sie ein Geschenk überreichen wollen, ist dies ebenfalls im Rahmen einer Rede möglich. Sie können beispielsweise schildern, warum das Geburtstagskind gerade dieses Geschenk unbedingt benötigt oder wie schwierig es war, etwas Besonderes für jemand ganz Besonderen aufzutreiben.

Selbstverständlich gibt es noch unzählige weitere Themen und Aufhänger für Ihre Rede. Deshalb ist es nach der ersten Materialsuche auch so wichtig, das vorhandene Material zu sichten und das endgültige Thema auszuwählen. Dann können Sie noch weiter in die Tiefe gehen, das heißt Ihre Materialsuche gezielter ausdehnen, wenn Ihnen die Informationen, die Sie haben, noch nicht reichen sollten. Quellen gibt es – wie gesagt – genug: Alte Zeitungen, Nachschlagewerke, Zitatensammlungen, aber auch der Familien- und Freundeskreis sind wahre Fundgruben für weitere Informationen. Sie müssen sie nur zu nutzen wissen!

Ganz wichtig ist es, dass Sie bei Ihrer Stoffsammlung Ihre eigenen Gedanken und die anderer strikt auseinander halten. Schließlich kann es sehr unangenehm werden, wenn Sie versehentlich ein berühmtes Zitat als Ihr eigenes „verkaufen". Notieren Sie also, von wem welcher Gedanke stammt. Ihr Licht brauchen Sie aber nicht unter den Scheffel zu stellen.

Bevor Sie damit beginnen, Ihre Rede auszuformulieren, sollten Sie sich darüber im Klaren sein, wie lange Sie sprechen können. Erkundigen Sie sich daher früh genug, ob noch andere Personen außer Ihnen eine Rede halten wollen. Wenn Sie nicht genau wissen, ob es noch andere Redner gibt und wann Sie reden werden oder wenn Sie den Gastgeber mit Ihrer Rede überraschen wollen, entscheiden Sie sich lieber für eine kürzere Ansprache, um die Geduld Ihrer Zuhörer nicht unnötig auf die Probe zu stellen.

Wie lang darf eine Rede sein?

„Eine gute Rede soll das Thema erschöpfen, nicht die Zuhörer." Auch dieser Ausspruch von Winston Churchill trifft mitten ins Schwarze. Haben nicht auch Sie schon bei so manch einer langatmigen Rede gehofft, dass der Redner endlich zum Schluss kommt, weil er schon lange nichts Neues mehr sagt? Das soll Ihnen nicht passieren! Achten Sie daher von vornherein darauf, das Wesentliche möglichst kurz und knapp zu fassen!

Insbesondere eine Festrede sollte nicht länger als zehn Minuten dauern. Sie soll die Feier auflockern, sie jedoch nicht allzu lange unterbrechen, schließlich wollen die Gäste sich auch miteinander unterhalten und miteinander feiern. Falls es weitere Redner gibt, sollte Ihre Ansprache noch nicht einmal zehn Minuten lang sein. Zu viele längere Reden können nämlich sehr ermüdend wirken. Planen Sie das bei der Ausarbeitung Ihrer Rede mit ein und achten Sie darauf, dass Sie mit möglichst wenigen Worten ausdrücken, was Sie sagen wollen. Auch wenn das nicht immer leicht ist: Ihr Publikum wird es Ihnen danken und Ihre Rede wird dadurch lange in guter Erinnerung bleiben!

Sollten Sie nicht wissen, ob es noch andere Ansprachen geben wird, legen Sie Ihre Rede so an, dass Sie sie notfalls ein wenig straffen können. Sind Sie der einzige Redner, halten Sie sie in voller Länge, anderenfalls können Sie problemlos etwas kürzen. Am sinnvollsten ist es natürlich, Sie erkundigen sich beim Gastgeber vor der Feier, ob außer Ihnen noch andere Personen reden werden. Wenn Sie das Geburtstagskind überraschen wollen, können Sie natürlich auch die nächsten Verwandten danach fragen. Kann Ihnen niemand Auskunft geben, halten Sie sich einfach an das alte Sprichwort: „In der Kürze liegt die Würze.“ Damit machen Sie in keinem Fall etwas falsch, im Gegenteil: Ihre Rede kann durch kurze, prägnante Aussagen, mit denen Sie genau den Kern der Sache treffen, nur gewinnen!

Keine Angst vor kurzen Sätzen!

Unterhalten Sie sich so, wie Sie schreiben? Dann sind Sie die absolute Ausnahme! Die meisten Menschen benutzen wesentlich kürzere Sätze, wenn sie reden. Wer hingegen einen Brief schreibt, verwendet häufiger Nebensätze, so dass manchmal regelrechte Schachtelsätze entstehen. In einem Schriftstück ist das nichts Schlimmes, denn der Adressat hat die Möglichkeit, den Satz mehrmals zu lesen, bis er ihn verstanden hat. In einer Unterhaltung sind solch lange Sätze jedoch unangebracht, denn sie sind wesentlich schwieriger zu verstehen als kurze Sätze. Genauso ist es auch bei einer Rede: Ein Redner, der in langen, verschachtelten und damit schwierigen Sätzen spricht, wird wesentlich schlechter verstanden als jemand, der eine Ansprache so hält als ob er eine Unterhaltung führt.

Sie können sich schon vorstellen, was das für die Ausarbeitung Ihrer Rede bedeutet: Genau! Formulieren Sie Ihre Rede in kurzen, knappen, allgemeinverständlichen Sätzen! Fragen Sie sich immer, ob die einzelnen Sätze auch gesprochen noch gut klingen und verständlich sind. Wenn Sie unsicher sind können Sie sich Teile der Rede immer wieder selbst vorlesen oder eine andere Person fragen, ob sie versteht, was Sie sagen wollen. Damit bekommen Sie bereits Ihre erste Rückmeldung! Machen Sie sich zwischendurch immer wieder von neuem klar, wie Ihr Publikum wohl auf die einzelnen Sätze reagieren wird. Denn schließlich schreiben Sie die Rede ja für Ihre Zuhörer!

Wichtig ist außerdem, dass Sie sich verständlich ausdrücken. Das bedeutet, Sie sollten auf Fremdwörter weitgehend verzichten.. Es ist zwar etwas Schwieriger, manche Sachverhalte in einfachen Worten auszudrücken, aber die Arbeit lohnt sich! Denn wenn Ihre Zuhörer sich erst Gedanken über die Bedeutung Ihrer Worte machen müssen, um verstehen zu können, was Sie meinen, gelingt es ihnen nicht länger, Ihrer Rede zu folgen – sie verlieren den Faden. Und das wollen sie ja schließlich nicht! Auch hier hilft es, sich immer wieder die Frage zu stellen: Ist das, was ich schreibe, noch verständlich, wenn ich es vortrage?

Die Gliederung der Rede

Womit fesseln Sie Ihre Zuhörer von Anfang an? Natürlich mit einem spannenden Einstieg in Ihre Rede! Der Beginn Ihrer Rede ist deshalb so wichtig, weil sich hier entscheidet, ob Ihr Publikum Ihnen gespannt lauschen oder mit vorgetäuschtem Interesse weghören wird. Deshalb sollten Sie sich besonders bei diesem Redeabschnitt sehr viel Mühe geben.

Selbstverständlich beginnt Ihre Rede zunächst mit einer Anrede. Sie sollte möglichst kurz und einfach sein, denn wenn Sie zu viele einzelne Personen begrüßen, wirkt Ihr Redeeinstieg langweilig. Beschränken Sie sich daher am besten darauf, das Geburtstagskind persönlich anzusprechen und die Gäste in Ihrer Gesamtheit zu begrüßen (zum Beispiel: „Lieber Günter, liebe Gäste"). Selbstverständlich gibt es auch Ausnahmen von dieser Regel – wenn Sie die Anrede sehr individuell und vielleicht sogar noch überraschend gestalten, darf sie ruhig einmal etwas länger ausfallen.

Nun aber beginnt Ihre eigentliche Rede. Ihnen stehen eine Reihe von Möglichkeiten zur Verfügung Ihre Zuhörer von Beginn an in Ihren Bann zu ziehen. Dies gelingt beispielsweise durch direkte Ansprache: „Liebe Petra, mit dem heutigen Tag gehörst du nun auch gesetzlich zu den Erwachsenen: Du bist volljährig geworden." Sie können natürlich auch mit einem Zitat beginnen oder sofort in das Thema Ihrer Rede einsteigen. Formulieren Sie Ihren Redeeinstieg als Frage („Liebe Elke, weißt du, was genau heute vor 50 Jahren in der Welt los war?"), haben Sie die Zuhörer gewiss auf Ihrer Seite, denn alle warten gespannt auf die Antwort. Möglich ist es selbstverständlich auch, Ihren Gefühlen zu Beginn einer Rede Ausdruck zu verleihen – das bietet sich zum Beispiel an, wenn Eltern zur Volljährigkeit ihres Kindes sprechen.

Vor einem sollten Sie sich jedoch möglichst hüten: Vermeiden Sie zu Beginn einer Rede Begrüßungsfloskeln, wenn Sie nicht der Gastgeber des Festes sind. Erstens haben Sie dann nicht das Recht, die übrigen Gäste auf der Feier willkommen zu heißen, zweitens klingen die meisten Begrüßungsformeln abgedroschen und langweilig.

An den Einstieg der Rede schließt sich – wie könnte es anders sein? – der Hauptteil an. Hier gehört all das hinein, was Sie sagen wollen. Denken Sie daran: Sie brauchen bei einer Festrede nicht zu argumentieren und niemanden zu überzeugen – der Zweck Ihrer Rede ist es, das Fest noch schöner zu gestalten als es bereits ist!

Ganz egal, welches Thema Sie für Ihre Ansprache gewählt haben, Sie sollten immer versuchen, einen Bogen zum Gastgeber und zum besonderen Anlass des Festes zu schlagen. Eine Geburtstagsrede ist immer etwas sehr Persönliches. Sie soll zeigen, wie sehr Sie den Gastgeber mögen, und sie soll ihm die Achtung erweisen, die ihm an diesem ganz besonderen Tag zukommt.

Wenn das Geburtstagskind selbst eine Rede hält, sollte diese selbstverständlich ebenfalls nicht allzu steif sein. Schön ist es, wenn der Gastgeber in seiner Rede seine Gefühle ausdrückt, beispielsweise seine Freude über das Erscheinen der Gäste. Interessant ist natürlich auch immer ein ganz privater Rückblick auf das bisherige Leben des Geburtstagskindes, der auch einige Einblicke in die individuellen Schwächen des Gastgebers erlaubt. Denken Sie jedoch immer daran: Auch Sie als Gastgeber halten eine Rede zu dem Zweck, eine besonders angenehme Atmosphäre zu schaffen.

Auf den Schluss Ihrer Rede sollten Sie – genau wie auf den Einstieg – ganz besonders achten, denn das Ende einer Rede bleibt Ihren Zuhörern am besten im Gedächtnis haften. Setzen Sie daher möglichst einen weiteren Glanzpunkt an den Schluss Ihrer Ansprache! Leider merkt man es vielen Rednern an, dass sie froh sind, ihre Rede nun mehr oder weniger glücklich hinter sich gebracht zu haben – das sollte Ihnen in keinem Fall passieren! Bleiben Sie deshalb bis zum letzten Wort Ihrer Ansprache konzentriert.

Eine Festrede wird gerne mit guten Wünschen für die Zukunft beschlossen. Selbstverständlich können auch Sie Ihre Rede so enden lassen, allerdings ist es möglich, solche Wünsche amüsanter oder interessanter zu gestalten als das oft der Fall ist.

Sie können zum Beispiel ein passendes Zitat wählen, Sie können aber auch noch einmal kurz auf das Hauptthema Ihrer Rede eingehen, wenn es passt. Immer sollten Sie jedoch den Tonfall Ihrer Rede beibehalten: Wenn Sie eine eher feierliche, besinnliche Ansprache gehalten haben, ist es genauso wenig sinnvoll, sie mit einem Witz zu beschließen, wie eine heitere Ansprache mit zu festlichen Wünschen.

Oft enden Festreden auch mit einem Trinkspruch, so dass alle Anwesenden ihr Glas erheben und gemeinsam auf die Hauptperson des Tages anstoßen. Falls bereits Redner vor Ihnen einen Toast auf das Geburtstagskind ausgesprochen haben, können Sie das Ende Ihrer Rede ein wenig variieren, damit sie sich von denen der anderen unterscheidet.

Rhetorische Mittel – nicht nur etwas für Profis

Wenn Sie den Ausdruck „rhetorische Mittel“ hören und Ihnen sofort der Gedanke kommt „Das ist nichts für mich, das ist doch nur etwas für professionelle Redner“, dann liegen Sie damit falsch. Ob Sie es glauben oder nicht: Fast jeder benutzt – oftmals unbewusst – rhetorische Mittel. Mit diesem Begriff bezeichnet man alle rednerischen Stilmittel, die eine Ansprache auflockern und interessant gestalten. Haben Sie also keine Scheu sie zu verwenden!

Besonders anschaulich sind Vergleiche, Bilder und Beispiele. Sie helfen kompliziertere Sachverhalte einfach und prägnant darzustellen und tragen dazu bei, dass das, was Sie sagen, Ihrem Publikum besser in Erinnerung bleibt.

Vergleiche werden besonders gern eingesetzt, wenn es um Zahlen geht, denn ohne einen Vergleich wirken Zahlen oft sehr trocken und langweilig. Wenn Sie in Ihrer Rede zum Beispiel näher auf das Alter des Geburtstagskindes eingehen wollen, bietet sich das rhetorische Mittel des Vergleichs an: „30 Jahre alt bist du heute geworden. Du meinst nun, das sei schon ganz schön alt. Sicher, für eine Eintagsfliege sind 30 Lebensjahre ein unvorstellbares Alter, doch für eine uralte Eiche sind 30 Jahre nur ein Klacks."

Bilder dienen dazu, schwer verständliche Sachverhalte zu erklären, oder werden als Illustration verwendet: „Lasst uns darauf anstoßen, dass dein Gesicht auch in den nächsten 50 Jahren so faltenfrei bleibt wie ein frisch gepflückter Apfel."

Beispiele werden immer dann sinnvoll eingesetzt, wenn das, was Sie sagen wollen, zu langweilig klingen würde. Falls Sie in Ihrer Rede Ratschläge für ein weiteres glückliches Leben geben wollen, so sollten Sie das nicht auf schulmeisterliche Art und Weise tun – Sie können stattdessen eine Geschichte erzählen: „Gustav Griesgrämig ging es nie richtig gut. Alle kleinen Fehlschläge, die einem im Leben so passieren, verstand er als persönlichen Angriff. Fritz Friedlich hingegen akzeptierte, dass nicht alles in seinem Leben so klappen kann, wie er es sich gern gewünscht hätte. Er versuchte stattdessen das Beste aus den kleinen Fehlschlägen zu machen. Wem von beiden ging es dabei wohl besser?" Sie sehen, allein mit den drei rhetorischen Mitteln Bild, Vergleich und Beispiel lässt sich eine Rede gestalten, die die Zuhörer fesseln kann.

Aber es gibt ja noch eine ganze Reihe weiterer rhetorischer Mittel. Beliebt ist vor allem die Wiederholung, mit der Sie bestimmte Passagen Ihrer Rede besonders betonen können. Sie können einzelne Worte wiederholen, Sie können mehrere Sätze nacheinander mit den gleichen Worten beginnen lassen oder Sie können das Gesagte mit anderen Worten wiedergeben, so dass Ihren Zuhörern die besondere Bedeutung dieser Aussage klar wird.

Gegensätze dienen ebenfalls dazu, das Publikum auf eine Aussage aufmerksam zu machen. Besonders stark wirkt ein Gegensatzpaar, wenn es im gleichen Satz verwendet wird (Beispiel: „Alt zu werden ist relativ leicht, alt zu sein dagegen schwer.").

Das Publikum aufhorchen lässt auch immer wieder die Überraschung. Sie können beispielsweise eine Aussage treffen, die so gar nicht in eine Festtagsrede zu passen scheint, um anschließend rasch den Bogen zu dem zu schlagen, was Sie eigentlich meinen. Sie müssen nur Acht geben, dass Sie weder das Geburtstagskind noch sonst jemand aus dem Kreis der Zuhörer verletzen.

Die direkte Ansprache von Zuhörern fördert den Kontakt zwischen Ihnen und dem Publikum und hat ebenfalls zum Ziel, die Aufmerksamkeit der Zuhörer verstärkt auf die Rede zu richten. Zudem fühlt sich Ihr Publikum stärker in Ihren Vortrag einbezogen, wenn Sie das Wort direkt an die Zuhörer richten.

Auch wenn der Humor nicht direkt zu den rhetorischen Mitteln zählt, soll er hier erwähnt werden – schließlich gewinnt jede Rede, wenn man die Zuhörer zwischendurch zum Schmunzeln bringt. Achten Sie allerdings gut auf den Unterschied zwischen Humor und Schadenfreude: Durch eine humorvolle Festrede soll sich selbstverständlich niemand angegriffen fühlen.

Sind Sie nun überzeugt, dass rhetorische Mittel nicht nur etwas für Profis sind? Mit ihrer Hilfe gelingt es, jede Rede zum Glanzpunkt einer Feier zu machen.

Denken Sie jedoch bei der Ausarbeitung Ihrer Ansprache auch immer daran, dass Sie mit den rhetorischen Mitteln nicht nach dem Gießkannenprinzip umgehen sollten: Verwenden Sie also nicht allzu viele dieser Stilmittel hintereinander, denn Ihre Zuhörer müssen sich während Ihrer Rede auch einmal entspannen können – und schließlich soll nicht ein Höhepunkt in den anderen jagen!

Ein wenig Üben muss sein: der Vortrag

Ist die Rede erst einmal ausformuliert, ist eine Hürde bereits überwunden. Doch die größten Probleme und die meiste Angst macht vielen Menschen der Vortrag. Das ist auch verständlich, denn die wenigsten sind daran gewöhnt, vor einem größeren Publikum zu sprechen. Doch auch der Vortrag muss nicht zu einem unüberwindbaren Hindernis werden. Wenn Sie die Rede vor Ihrem eigentlichen Auftritt gründlich einüben, kann eigentlich nicht mehr viel schief gehen. Und ein wenig Nervosität vor dem Vortrag ist gar nicht so schlimm: Lampenfieber mag zwar unangenehm sein, schärft aber im Normalfall die Konzentration, auch wenn man das Gefühl hat alles vergessen zu haben.

Einstudieren der Rede

Wenn Sie Ihre Rede fertig vor sich liegen haben, beginnen Sie das Vortragen zu üben. Die ersten Male können Sie Ihren Vortrag noch vom Blatt ablesen, um ein Gefühl für die Worte und Ihren Redefluss zu bekommen. Dann sollten Sie jedoch allmählich beginnen Ihre Rede frei vorzutragen. Schließlich macht es sich nicht besonders gut, wenn man seine Ansprache bei der Feier vom Blatt abliest. Auch haben Sie beim Ablesen keinen Augenkontakt zu Ihrem Publikum und können nicht sehen, wie Ihre Zuhörer reagieren – und gerade diese Zwiesprache mit dem Publikum ist für den Redner wichtig, damit er zum Beispiel eine Sprechpause einlegt, wenn alle zu lachen beginnen.

Unterlagen

Falls Sie sich mit Manuskript sicherer fühlen, können Sie es selbstverständlich ruhig zu Ihrem Vortrag mitnehmen. Achten Sie jedoch unbedingt darauf, dass es ordentlich, am besten mit zweizeiligem Abstand getippt ist und dass die Buchstaben groß genug sind, um sie aus einiger Entfernung erkennen zu können. Besonders wichtige Stellen sollten Sie mit Leuchtstift markieren. Greifen Sie aber möglichst nicht auf Ihr Manuskript zurück, sondern versuchen Sie Ihre Rede weitgehend frei zu halten.

Es hilft auch, wenn Sie sich eine Stichwortliste machen, an die Sie sich bei großer Nervosität halten können. Dieses Stichwortmanuskript sollte die wichtigsten Punkte Ihrer Rede beinhalten, darunter auch die Zitate. Wichtig ist auch hier die Leserlichkeit – ein solcher „Notnagel" nützt Ihnen nicht viel, wenn Sie das Manuskript plötzlich nicht mehr entziffern können. Sie können diese Stichwortliste benutzen, Sie müssen Sie aber natürlich nicht verwenden – in jedem Fall verleiht sie Ihnen eine gewisse Sicherheit. Verzeihen Sie es sich, falls Sie in Ihrem mündlichen Vortrag nicht exakt dieselben Worte benutzen wie in Ihrer schriftlich formulierten Rede. Kein anderer außer Ihnen weiß, dass Ihr Text nicht dem Originaltext entspricht! In vielen Fällen macht es Ihre Rede nur lebendiger, wenn Sie sich nicht sklavisch an Ihre Vorlage halten!

Redetempo

Schon beim Einstudieren Ihres Vortrags sollten Sie darauf achten, nicht zu schnell zu reden. Viele Redner legen ein so rasantes Sprechtempo vor, dass es für die Zuhörer schwierig ist, sie richtig zu verstehen. Oft geschieht es nur aus Nervosität, dass ein Redner seinen Vortrag möglichst schnell hinter sich bringen will. Wenn Sie aber bereits beim Einstudieren Ihrer Rede darauf geachtet haben, nicht zu schnell zu sprechen, fällt es Ihnen auch bei Ihrem eigentlichen Auftritt leichter. Machen Sie genug Pausen, damit Sie nicht so leicht außer Atem kommen und Gefahr laufen Silben zu verschlucken. Achten Sie auch darauf, die einzelnen Satzteile unterschiedlich zu betonen. Sollten Sie zwischendurch einmal ein wenig ins Stocken geraten, ist das halb so schlimm: Machen Sie einfach eine kurze Pause und werfen Sie einen Blick in Ihr Manuskript. Sie werden sehen – Ihr Publikum wird gar nicht bemerken, dass Sie nicht weiterwussten.

Körpersprache

Selbstverständlich gehören auch Gesten zu einer Rede, denn eine stocksteife Körperhaltung macht auf Ihr Publikum keinen guten Eindruck. Vor übertriebener Gestik und Mimik sollten Sie sich jedoch unbedingt hüten – so etwas wirkt leicht übertrieben. Am besten, Sie stellen sich zu Hause vor einen großen Spiegel, während Sie Ihren Vortrag einstudieren. Dann können Sie Ihre Gesten sofort überprüfen. Sind Sie ein eher temperamentvoller Typ, können Ihre Gesten ruhig ein wenig raumgreifender sein, sind Sie eher schüchtern und still, sollten auch Ihre Gesten zurückhaltender sein. Verstellen sollen Sie sich schließlich nicht!

Organisation

Bevor Sie auf der Feier Ihre Rede halten, sollten Sie – falls das Fest in einem Lokal stattfindet – der Bedienung Bescheid sagen, dass Sie nun beabsichtigen einen Vortrag zu halten. Es ist nämlich äußerst störend, wenn während Ihrer Rede jemand Essen aufträgt oder Getränke serviert. Mit anderen Rednern sollten Sie ebenfalls vorher sprechen: Fragen Sie, wie lange die anderen zu reden beabsichtigen, und einigen Sie sich über die Reihenfolge. Was Ihre Kleidung anbelangt: Sie sollte dem Anlass angemessen sein. Am sinnvollsten ist es, wenn Sie vor dem Fest den Gastgeber fragen, welche Kleidung erwünscht ist, dann sind Sie weder over- noch underdressed!

Lampenfieber

Nervös sind selbst die ausgebufftesten Profis vor einem Auftritt – machen Sie sich das klar, wenn Sie selbst unter Lampenfieber leiden. Meist verfliegt es, wenn man sich erst einmal erhoben hat und die ersten Worte seiner Rede vorträgt. Um diese Phase zu überbrücken, suchen Sie sich jemanden aus dem Publikum aus, von dem Sie wissen, dass er Ihnen alles Gute für Ihre Rede wünscht. Tun Sie so, als hielten Sie die Rede nur vor dieser einen Person. Sie werden sehen, Ihr Lampenfieber wird rasch verfliegen!

Die Musterreden und ihre Verwendung

Die folgenden Kapitel beinhalten eine Reihe von Musterreden für die verschiedensten Geburtstage – angefangen mit dem „ersten" Geburtstag, der Geburt. Für die verschiedensten Redner – von den Eltern des Geburtstagskindes bis zum Vereinskameraden und zum Chef – stehen Musteransprachen zur Verfügung, so dass Sie sicherlich darunter auch auf Ihre Rednerrolle stoßen werden.

Natürlich müssen Sie die Musterreden nicht wortwörtlich übernehmen – sie sollen vor allem dazu dienen, Ihnen Anregungen für Ihre eigene Rede zu liefern. Selbstverständlich haben Sie aber auch die Möglichkeit, die Passagen zu übernehmen, die Ihnen besonders gut gefallen, ganz egal, ob die Rede nun auf Ihre Rednerrolle zugeschnitten ist oder nicht. Wenn Sie möchten, können Sie natürlich auch Abschnitte verschiedener Reden miteinander kombinieren und so Ihre eigene Rede kreieren. Im Ausnahmefall wird vielleicht auch eine Ansprache so sehr auf Ihre eigene Situation zutreffen, dass Sie sie fast wortwörtlich übernehmen möchten. Auch das können Sie selbstverständlich tun. Wenn Ihnen eine Rede besonders gut gefällt, spielt es auch keine Rolle, welchem Redner sie ursprünglich zugedacht wurde: Natürlich können Sie als Vater des Geburtstagskindes auch eine Rede übernehmen, die in diesem Buch ein Freund hält.

Vorab erhalten Sie stets einen kurzen Überblick über die jeweilige Musterrede. Hier finden Sie den Anlass, die ungefähre Dauer und den Stil der Rede aufgeführt (zum Beispiel feierlich, besinnlich oder heiter). In der Randspalte liefert Ihnen eine grobe Gliederung weitere Informationen. So müssen Sie nicht die gesamte Musterrede lesen, um einen ersten Eindruck zu bekommen. Sie können rasch entscheiden, ob diese Art der Rede für Sie in Frage kommt oder ob Sie eher an eine andere Redeform gedacht haben. Was auch immer Sie mit den Musterreden machen: Viel Erfolg für Ihre eigene, ganz persönliche Geburtstagsrede!

Reden zur Geburt

Die Mutter spricht zur Geburt des ersten Kindes, eines Sohnes

Anlass *Geburt des eigenen ersten Kindes*
Dauer *7–10 Minuten*
Stil *feierlich*

Liebe Familie, liebe Freunde,

Gedanken über das Warten

wir sind es ja eigentlich gar nicht mehr gewohnt, auf etwas, auf das wir uns sehr freuen, längere Zeit zu warten. Will man etwas haben, bestellt man es einfach beim Versandhaus und am nächsten Tag ist es meistens schon da. Schlimmstenfalls muss man einige Wochen auf ein neues Auto warten – und selbst das macht einen manchmal schon ziemlich ungeduldig. Gut, dass es wenigstens noch etwas gibt, das einem nicht so leicht in den Schoß fällt, etwas, auf das man wesentlich längere Zeit warten muss: Das ist – ihr ahnt es bereits – die Geburt eines Kindes!

Martin und ich haben durch die neun Monate langen Wartens die Vorfreude wieder entdeckt. Schließlich sagt schon das Sprichwort: „Die Vorfreude ist die schönste Freude", und bis zu einem gewissen Grad stimmt das sogar. Wir haben uns gemeinsam ausgemalt, wie unser Kind wohl aussehen wird und was wir mit ihm unternehmen werden. Dadurch wurde die Spannung immer größer. Ihr könnt euch nicht vorstellen, wie sehr wir uns erst gefreut haben, als unser Mäxchen endlich geboren wurde! Wir hatten das Gefühl, für unser langes Warten mehr als belohnt zu werden. Alles an dem kleinen Mann war bereits perfekt: die kleinen Händchen mit den winzigen Fingernägeln, die kleinen Füße mit den unterschiedlich langen Zehen und natürlich sein knubbeliges kleines Gesicht mit den großen, dunklen Augen und dem niedlichen Stupsnäschen. Nie habe ich mich mehr über etwas gefreut! So ein Geburtstag, oder besser so ein Tag der Geburt ist schon ein ganz besonderes Ereignis, das man mit nichts anderem auf der Welt vergleichen kann!

Beschreibung des Lebens mit dem kleinen Sohn

Heute wollen wir endlich gemeinsam mit euch den Geburtstag von Max feiern. Schließlich wird es allmählich Zeit, dass ihr ihn kennen lernt. Im Moment allerdings hat er es sich so richtig gemütlich gemacht und schläft ruhig und zufrieden in seinem Bettchen. Das ist auch ganz gut so, denn sonst könnte ich nicht hier stehen und euch etwas über unseren kleinen Mann erzählen – er ist nämlich sehr anspruchsvoll! Wenn er wach ist, meint er, dass die ganze Welt und vor allem seine Mutter sich um ihn zu drehen hat. Ist dies ausnahmsweise nicht der Fall, stößt er markerschütternde Schreie aus, so dass niemand mehr Ruhe finden kann. Ihr werdet das im Verlauf der heutigen Feier sicher noch mitbekommen! So anstrengend das auch manchmal ist (alle anderen Eltern werden mir da sicher zustimmen), all das wird durch ein Lächeln doppelt und dreifach wieder aufgewogen. Und schließlich weint Mäxchen ja meist auch nicht grundlos: Was würdet ihr denn an seiner Stelle tun, wenn ihr Hunger hättet, euch allein fühlen würdet oder das Fassungsvermögen eurer Windel allmählich überschritten wäre?

Trotz aller Mehrarbeit können Martin und ich uns ein Leben ohne Max nicht mehr vorstellen. Er hat unserem Familienleben eine ganz neue Qualität gegeben. Martin versucht immer möglichst schnell von der Arbeit nach Hause zu kommen, um auch noch etwas von seinem Sohn zu haben, bevor Max allzu schläfrig ist. Am Wochenende teilen wir uns – so gut es eben geht – die Arbeit. Außerdem muss ich mich noch bei euch bedanken: Besonders ihr, liebe Eltern, passt auch gern einmal auf Mäxchen auf, wenn Martin und ich etwas allein unternehmen möchten. Das verschafft uns die Ruhepausen, die – so glaube ich – alle frisch gebackenen Eltern zwischendurch nötig haben. Auch ihr, liebe Freunde, steht uns mit Rat und Tat beiseite, was ja gerade beim ersten Kind wichtig ist. Schließlich sind wir noch keine Profis im Kindergroßziehen und täglich treten irgendwelche anderen Probleme auf, die wir mit eurer Hilfe glücklicherweise immer sehr rasch lösen konnten.

Dank an die Gäste und Trinkspruch auf das Kind

Ehe ich mich gleich von Max unterbrechen lasse, komme ich nun lieber ganz allmählich von selbst zum Schluss – sicher ist sicher! Noch einmal ganz herzlichen Dank für all das, was ihr für Max und für uns getan habt! Lasst uns nun gemeinsam auf das Wohl unseres kleinen Mannes anstoßen und auf die neun Monate Wartezeit trinken, die sich wirklich gelohnt haben!

Der Vater spricht zur Geburt des ersten Kindes, einer Tochter

Anlass	*Geburt des eigenen ersten Kindes*
Dauer	*7–10 Minuten*
Stil	*berichtend*

Liebe kleine Eva,

Beschreibung der Geburt aus der Sicht des Vaters

es ist zwar schon ein paar Tage her, doch ich stehe immer noch unter dem Eindruck deiner Geburt. Das war bislang das spannendste und gleichzeitig ergreifendste Erlebnis in meinem ganzen Leben. Zunächst hatte ich ein wenig Angst davor, schließlich weiß man als werdender Vater ja nicht so genau, was einen da alles erwartet und ob man so eine Geburt auch durchsteht.

Liebe Familie, liebe Freunde, vielleicht lacht ihr nun ein wenig, schließlich muss ja nicht der Vater das Kind zur Welt bringen, sondern die Mutter. Zum Glück vergisst man alle Ängste, wenn es erst einmal richtig losgeht. Ich weiß nicht, ob ich Maria eine große Hilfe war, doch ich wollte sie unbedingt unterstützen – schließlich habe ich gesehen, welch große Anstrengungen sie auf sich nehmen muss, damit Klein-Eva endlich das Licht der Welt erblicken kann. Ich habe mit Maria mitgefiebert und versucht ihr alle Unterstützung zukommen zu lassen, die ich geben konnte.

Als Eva dann geboren wurde und die Hebamme sagte, unser kleines Mädchen sei ganz gesund, fiel mir ein Stein vom Herzen. Das waren irrsinnige Glücksmomente und ich hatte das Gefühl, eine große Leistung vollbracht zu haben, obwohl ich ja nur dabei gestanden habe. Anschließend wollte ich mich gar nicht von Maria und Eva trennen, aber die beiden waren so erschöpft, dass ich dann doch nach Hause gegangen bin.

Wie ihr euch bestimmt noch erinnert, war ich vollkommen aufgekratzt, und ich weiß nicht, wie viele von euch ich aus dem Bett geworfen habe, um die große Neuigkeit mitzuteilen. Falls ich euch gestört habe, möchte ich mich noch einmal bei euch entschuldigen, aber ich konnte einfach nicht ruhig zu Hause sitzen.

Pläne des Vaters für die Zukunft mit seinem Kind

Als ich schließlich alle aus dem Bett geklingelt hatte, war es mir immer noch nicht möglich zu schlafen. Also habe ich mir unsere gemeinsame Zukunft ausgemalt. Wenn Maria und Eva aus der Klinik kämen, würde ich sie beide auf Händen tragen, so dachte ich mir. Ich würde sie verwöhnen, so gut es nur eben geht. Natürlich wäre ich auch ein vorbildlicher Vater. Ich plante mein Kind zu wickeln, es hochzunehmen, wenn es weint, und Maria zu entlasten. Nachts würde ich aufstehen und Eva das Fläschchen zubereiten, damit Maria nicht wach wird. Ich würde mit Eva im Kinderwagen lange Spaziergänge machen, damit ihre Abwehrkräfte sich prächtig entwickeln und sie schon etwas von der Welt sieht. Natürlich würde ich mein kleines Mädchen auch baden und mit ihr zum Kinderarzt gehen. Später dann, wenn Eva größer wäre, würde ich ihr die Welt zeigen – ich würde ihr alles erklären, immer freundlich und ausgeglichen sein und nie wütend werden. So träumte ich vor mich hin, bis ich schließlich doch vor Erschöpfung einschlief.

Als meine zwei Frauen dann aus der Klinik entlassen wurden, holte ich sie voller Vorfreude ab. Doch als wir glücklich zu Hause angekommen waren, gab es den ersten Schock für mich: Meine Tochter begann zu weinen und es gelang mir nicht, sie zu beruhigen! Der nächste Schreck ließ nicht lange auf sich warten: Die Windel mußte gewechselt werden. Voller Elan machte ich mich an die Arbeit – schließlich hatte ich im Geburtsvorbereitungskurs gelernt, wie man so etwas macht. Doch ich hätte wissen müssen, dass sich ein lebendiges Kind anders verhält als eine Puppe. Kurz und gut: Ich schaffte es nicht. Und nachts war ich von der ganzen Aufregung so ermattet, dass ich noch nicht einmal hörte, wie Eva vor Hunger schrie. Also musste Maria aufstehen und sie füttern. So verloren sich die hohen Erwartungen, die ich an mich selbst gestellt hatte, nach und nach.

Einstimmung der Gäste auf das Zusammentreffen mit der Tochter

Jetzt versuche ich nur noch ein ganz normaler Vater zu sein, mit all den kleinen und größeren Schwächen, die nun einmal dazugehören. Eines habe ich jedoch nicht vergessen: Ich liebe meine kleine Tochter über alles und wenn ihr sie gleich zu sehen bekommt, werdet ihr mir sicherlich nur zustimmen können, dass sie wirklich ganz entzückend ist. Auf unsere kleine Eva!

Die Mutter spricht zur Geburt des zweiten Kindes

Anlass *Geburt des zweiten eigenen Kindes*
Dauer *5–7 Minuten*
Stil *heiter, zum Teil ironisch*

Liebe Freunde,

Unkonventionelle Vorstellung des Kindes

heute möchte ich euch allen das neueste Werk von Schmitz-Productions Incorporated vorstellen! Bitte sehr: Dies hier ist Stella – das neueste Meisterwerk unserer kleinen Produktionsfirma! Neun lange Monate hat es gedauert, bis wir Stella endlich der Weltöffentlichkeit zeigen konnten – doch was lange währt, wird endlich gut! Ihr müsst doch zugeben, dass es an ihr nichts mehr zu verbessern gibt!

Erneut haben Hans und ich viele Entbehrungen auf uns nehmen müssen, um der Welt nach Lukas eine weitere oscarreife Leistung präsentieren zu können. Fast allen Lastern haben wir während der neun Monate langen Produktionszeit entsagen müssen, allein die Mahlzeiten fielen etwas üppiger aus als sonst – doch das war selbstverständlich nur im Interesse unserer kleinen Stella. Auf längere Reisen, vor allem in tropische Gegenden, haben wir verzichtet und ich habe mich beim Kauf neuer Kleidungsstücke zurückgehalten, obwohl es in diesem Sommer so hübsche eng anliegende Kleider gab.

Ungewöhnliche Beschreibung des Lebens mit dem zweiten Kind

Leider konnten Hans und ich uns nicht völlig darüber einigen, ob unsere neue Produktion überwiegend Actionelemente, Liebesszenen oder melodramatische Stellen haben sollte. Jetzt vereint Stella all diese Elemente in sich: Action haben wir tagtäglich, wenn wir wieder einmal rennen müssen, um ihre zahlreichen Wünsche zu erfüllen. Tun wir das nicht, geht es in unserer Wohnung lautstark zu. Allerdings spielen sich auch rührende Liebesszenen bei uns ab, wenn Hans, Lukas oder ich Stella in den Arm nehmen und mit ihr schmusen. Melodramatisch wird es meistens nachts: Verzweifelt wankt einer von uns schlaftrunken zu Stella, die weinend in ihrem Bettchen liegt. Ist es dann gelungen, sie zu beruhigen, weinen wir fast vor Glück, wieder in unser eigenes Bett zurückkehren zu dürfen. Doch leider wiederholt sich dies Melodram meist mehrmals in der Nacht.

Werbung brauchen wir für Stella nicht zu machen – die macht sie schon selbst für sich: Entweder zeigt sie sich von der besten Seite und alle sind von ihr begeistert oder sie erregt lauthals krähend die Aufmerksamkeit. Letzteres ist – so möchte ich fast meinen – die bessere Methode, denn dann kümmern sich die Anwesenden unter Garantie um sie, damit sie rasch wieder zufrieden ist.

Lukas, der Erstling von Schmitz-Productions Incorporated, ist glücklicherweise hellauf begeistert von unserer neuen Produktion. Nicht auszudenken, wenn es Rivalitäten zwischen Stella und ihm gegeben hätte! Doch er weiß, dass er und Stella bei uns gleichermaßen erfolgreich sind.

Trinkspruch auf das Neugeborene

So, liebe Gäste – ihr habt gleich noch mehr Gelegenheit unsere Stella ausgiebig zu betrachten. Wir sind froh und glücklich, wenn sie bei euch ähnlich großen Anklang findet wie bei uns. Lasst uns deshalb gemeinsam auf Stella anstoßen – endlich darf ja auch ich wieder einem Laster nachgeben! Zum Wohl!

Der Vater spricht zur Geburt des zweiten Kindes

Anlass	*Geburt des zweiten eigenen Kindes*
Dauer	*5–7 Minuten*
Stil	*heiter*

Liebe Familie, liebe Freunde,

Freude des Vaters darüber, nun zwei Söhne zu haben

Vater eines Sohnes zu sein, war schon eine feine Sache; Vater von zwei Söhnen zu sein, ist allerdings noch um einiges schöner. Ich freue mich, dass ich meine große Freude über die Geburt unseres zweiten Sohnes Tim heute mit euch allen teilen kann!

Hoffnungen für die Zukunft mit den zwei Söhnen

Ihr glaubt gar nicht, wie ich mich schon jetzt auf die Zeit freue, wenn meine beiden Söhne erst einmal etwas älter sind und ich ihnen all das zeigen kann, was Spaß macht. Ich bin schon jetzt ganz aufgeregt bei dem Gedanken an die gemeinsamen Unternehmungen. Ach, was für ein gutes Team werden wir abgeben, wenn wir samstags auf den Fußballplatz gehen und unsere Lieblingsmannschaft anfeuern! Was für ein Spaß wird es sein, wenn wir drei auf der Tribüne stehen, unsere Fahnen schwenken und unsere Fangesänge anstimmen! Und wenn im Fernsehen Fußball läuft, Petra aber etwas anderes sehen möchte, wird sie einfach überstimmt. Ich sehe schon rosige Zeiten für mich anbrechen.

Vielleicht schaffen Tim, Moritz und ich es ja auch gemeinsam, Petra davon zu überzeugen, einen Hund anzuschaffen. Im Moment lehnt sie das ja noch mit dem Argument ab, sie wäre dann die einzige, die sich um das Tier kümmern müsste. Dazu hätte sie in der jetzigen Situation aber nun wahrlich keine Zeit.

Selbstverständlich werde ich mit meinen zwei Jungen auch auf abenteuerliche Fahrt gehen: Ein Wochenende in der Wildnis – ganz ohne Frauen. Das schwebt mir vor, wenn die zwei alt genug dafür sind, gemeinsam mit mir zu zelten.

Oh, ich glaube, ich muss jetzt langsam etwas vorsichtiger werden – Petra droht mir schon wieder! Sie ist sich nämlich längst nicht so sicher wie ich, dass Tim und Moritz meine Interessen teilen werden, wenn sie älter sind. Sie meint, dass es eine große Zahl von Jungen gibt, die mit Fußball nichts im Sinn haben. Sie ist auch skeptisch, ob die Jungen sich meiner Begeisterung für Hunde anschließen und das karge Leben in der freien Natur genauso lieben werden wie ich. Petra ist der Ansicht, dass Tim und Moritz vielleicht eher nach ihr schlagen könnten. Dann würden sie lieber selbst Sport treiben als zuzuschauen, wie 22 Männer einem Ball hinterherjagen. Dann würden sie Hunde zwar sehr gern mögen, aber nicht auch noch die Verantwortung für einen Vierbeiner übernehmen wollen. Zudem würden sie das komfortable Leben in einer festen Unterkunft dem Leben im Zelt vorziehen.

Wer von uns beiden letztendlich Recht behalten wird, wird sich erst in einigen Jahren zeigen. Klammheimlich hoffe ich natürlich darauf, dass ich es sein werde. Wozu habe ich schließlich zwei Jungen? Natürlich werde ich es auch akzeptieren, wenn Petra Recht behält – das Wichtigste ist, dass sich die Jungen bei allem, was sie tun, wohl fühlen!

Trinkspruch des Vaters auf die Familie

Lasst uns jetzt gemeinsam auf unseren Familienzuwachs anstoßen und darauf, dass es unserer kleinen Familie noch lange so richtig gut geht – auch wenn sich keiner außer mir für Fußball interessieren sollte. Zum Wohl!

Rede der Großmutter zur Geburt eines Kindes

Anlass *Geburt eines Enkelkindes*
Dauer *5 Minuten*
Stil *feierlich*

Liebe kleine Sarah,

Die Großmutter spricht ihr Enkelkind direkt an

du kannst mich wahrscheinlich noch nicht verstehen, darum richte ich diese Rede an deine Eltern, obwohl sie für dich bestimmt ist. Aber deine Mutter und dein Vater werden dir später bestimmt einmal vom heutigen Tag erzählen und vielleicht auch meine Rede erwähnen.

Liebe Nicola, lieber Andreas,
ihr wisst, was für eine große Freude ihr mir gemacht habt, als ihr mir erzähltet, dass ihr ein Kind bekommt. Als Sarah nun vor einigen Tagen auf die Welt kam, war die Freude noch um einiges größer. Eigentlich hatte ich vor sofort zu euch zu stürmen und euch mit guten Ratschlägen für die nächste Zeit einzudecken, doch zum Glück fiel mir rechtzeitig ein Ausspruch des deutschen Showmasters Robert Lembke ein. Der sagte einmal: „Wenn Großeltern es für nötig halten, sich in die Erziehung ihrer Enkel einzumischen, zeigt das nur, dass sie bei der Erziehung ihrer Kinder nicht sehr erfolgreich waren.“ Ich habe noch einmal nachgedacht und bin zu dem Schluss gekommen, dass dieses Zitat viel Wahres beinhaltet. Wenn ich glaube bei deiner Erziehung erfolgreich gewesen zu sein, liebe Nicola, brauche ich dir keine vermeintlich guten Ratschläge zu geben, die dich sowieso nur ärgern würden. Dann muss ich nämlich von vornherein davon ausgehen, dass du schon alles richtig machen wirst.

Bedenken, den Eltern Ratschläge zu erteilen

Tipp zur Erziehung

Um mir keine Blöße zu geben, habe ich es also unterlassen, euch zu beraten. Aber so ganz kann ich doch nicht umhin euch zumindest einen kleinen Tipp mit auf den Weg zu geben, obwohl es mir jetzt nicht mehr leicht fällt. Deshalb nehme ich nun noch einmal ein Zitat, diesmal von der schwedischen Kinderbuchautorin Astrid Lindgren, zu Hilfe. Die Erfinderin von Pippi Langstrumpf – übrigens eine meiner Lieblingsheldinnen der Literatur – sagte einmal: „Ich glaube, dass Erziehung Liebe zum Ziel haben muss, Zuneigung.“ Dem möchte ich mich anschließen. Ich bin mir aber auch so sicher, dass ihr zwei Sarah zur Liebe und vor allem auch in Liebe erziehen werdet, doch ich wollte es noch einmal unterstreichen. Auf euch, eure Erziehung und natürlich auf mein Enkelkind!

Rede des zukünftigen Paten zur Geburt eines Kindes

Anlass	*Geburt des Patenkindes*
Dauer	*5 Minuten*
Stil	*feierlich*

Liebe kleine Svenja,

Begrüßung des zukünftigen Patenkindes

deine Eltern haben uns heute eingeladen, damit wir deine Bekanntschaft machen. Wir zwei haben uns zwar schon in der Klinik kennen gelernt, doch daran kannst du dich bestimmt nicht mehr so genau erinnern – schließlich war alles um dich herum noch ganz neu und fremd.

Ich freue mich jedenfalls dich heute wieder zu sehen, schließlich haben deine Eltern mich ausgewählt bei deiner Taufe dein Pate zu sein, worauf ich sehr stolz bin. Bevor dieser große Tag jedoch kommt, sollten wir beide uns noch etwas näher kennen lernen, meinst du nicht auch? Du sollst ja keinen Fremden zum Paten bekommen!

Gedanken zur Patenschaft

Damit du schon einmal einen kleinen Eindruck von mir erhältst, will ich dir jetzt erzählen, was ich unter einer Patenschaft verstehe. Auch deine Eltern sollen wissen, auf was sie sich einlassen, wenn sie mich zu deinem Paten wählen. Im eigentlichen Sinn soll ein Pate ja an der christlichen Erziehung des Kindes mitwirken. Doch was bedeutet das? „Christliche Erziehung" ist schließlich ein ganz schön schwammiger Begriff!

Meiner Meinung nach bedeutet er, dass die Paten versuchen sollen ihrem Patenkind bestimmte Werte zu vermitteln. Zu diesen Werten zählt beispielsweise der Respekt vor allen Lebewesen. Ich möchte dir zeigen, wie wichtig es ist, auch vor dem kleinsten Geschöpf Ehrfurcht zu haben. Irgendein intelligenter Mensch, auf dessen Namen ich im Moment nicht komme, sagte nämlich einmal, dass jeder Dummkopf einen Käfer töten könne, doch selbst den brillantesten Forschern sei es noch nicht gelungen, einen zu erschaffen. Außerdem möchte ich dir zeigen, wie wichtig die Liebe im Leben jedes Menschen ist. Ein Mangel an Zuneigung führt dazu, dass wir seelisch verkümmern. Nicht zuletzt will ich dir, kleine Svenja, zeigen, warum auch die Ehrlichkeit zu den wesentlichen Werten gehört. Wer ehrlich zu anderen, aber auch zu sich selbst ist, hat keinen Grund sich vor irgend etwas oder vor irgend jemandem zu verstecken. Allein deshalb sollte man schon darauf achten, ehrlich zu sein.

Für dich wird in den kommenden Jahren aber wahrscheinlich etwas anderes wesentlich wichtiger sein, liebe Svenja: Natürlich komme ich auch mit Geschenken vorbei und werde mit dir spielen. Dazu sind Paten schließlich auch da!

Hoffnung sich gut zu verstehen

Ich wünsche uns für die Zukunft, dass wir uns gut verstehen werden und dass deine Eltern es nicht bereuen, mich als Paten ausgewählt zu haben!

Reden zum 18. Geburtstag

Rede der Mutter zum 18. Geburtstag des Sohnes

Anlass	*18. Geburtstag des Sohnes*
Dauer	*5–7 Minuten*
Stil	*feierlich, rückblickend*

Lieber Mark,

Erstaunen der Mutter über die schnell vergangenen Jahre

so ganz kann ich es immer noch nicht glauben, doch es stimmt: Du bist tatsächlich heute vor 18 Jahren zur Welt gekommen. Auch wenn in diesen 18 Jahren sehr viel passiert ist, für mich sind sie wie im Flug vergangen. Für dich hingegen ging die Zeit wahrscheinlich manchmal viel zu langsam vorbei.

Rückblick auf das bisherige Leben des Sohnes

Du wirst mich wahrscheinlich für sentimental halten, wenn ich deine Kindheit und Jugend noch einmal an mir vorüberziehen lasse, doch zu diesem ganz besonderen Geburtstag musst du dir einen ersten Rückblick schon einmal gefallen lassen. Schließlich beginnt nun ein völlig neuer Lebensabschnitt: Du bist für dich und deine Taten selbst verantwortlich und kannst tun und lassen, was du möchtest, ohne uns fragen zu müssen.

Also, beginnen wir den kurzen Rückblick mit deiner Geburt heute vor 18 Jahren: Schon damals, als dein erster Schrei ertönte, habe ich mir gedacht, dass du dich später einmal durchsetzen wirst. So kräftig, wie deine Stimme bereits im Kreißsaal war, konnte es gar nicht anders sein. In der Tat hast du uns mit dieser Stimme in deinem ersten Jahr das Leben manchmal auch ganz schön schwer gemacht – du warst einfach nicht zu überhören, selbst wenn ich mich am entgegengesetzten Ende der Wohnung befand.

Als du dann mit drei Jahren in den Kindergarten gekommen bist, hast du dich gleich den Älteren angeschlossen. Mit den ganz Kleinen konntest du nichts anfangen – sie waren dir zu schüchtern. Die Älteren hingegen waren schon draufgängerischer, was dir wesentlich besser gefiel. Natürlich waren wir stolz darauf, solch einen durchsetzungsfähigen Sohn zu haben, doch als du dann begannst, die Gleichaltrigen herumzukommandieren, haben wir schließlich doch ein Machtwort gesprochen.

Als du sechs wurdest, kam deine Schwester zur Welt und du musstest unsere Aufmerksamkeit plötzlich mit jemandem teilen. Zunächst gefiel dir das gar nicht, als du aber merktest, dass wir dadurch nicht mehr ein so wachsames Auge auf dich haben konnten, hast du dich doch ganz rasch mit deiner Schwester angefreundet. Außerdem konntest du als großer Bruder sie natürlich auch gut beschützen.

In der Schule hattest du in den ersten Jahren keine Probleme, worüber wir sehr froh waren – denn wir hatten meist schon genug damit zu tun, die Folgen deiner Streiche wieder auszubügeln.

Als du dann aber 13 Jahre alt wurdest, begannen die Schwierigkeiten: Wir bekamen von deinen Lehrern zu hören, dass du nicht mehr regelmäßig zum Unterricht erscheinen würdest, dass du das Klassenbuch verbrannt hättest und dich auf dem Schulhof häufig raufen würdest. Das war eine sehr schwierige Phase für uns alle. Du hast damals einfach deine Ohren verschlossen, wenn wir dir etwas gesagt haben, was du nicht hören wolltest. Aber zum Glück ging diese Zeit auch vorbei – als du mit 15 Jahren Daniela kennen lerntest, hast du dich gründlich geändert. Du warst auf einmal höflich und zuvorkommend und wir dachten schon, man hätte dich einer

Gehirnwäsche unterzogen, denn so kannten wir dich gar nicht. Doch das war alles auf Danielas Einfluss zurückzuführen. Noch heute seid ihr beiden zusammen und ich bin stolz darauf, dass Treue und Liebe für dich keine bloßen Worthülsen sind. Vielleicht haben wir bei unserer Erziehung ja doch nicht alles falsch gemacht.

Zusicherung der weiteren Unterstützung durch die Eltern

Lieber Mark, ich gratuliere dir ganz herzlich zur Volljährigkeit und möchte dir sagen, dass wir dich auch weiterhin nach Kräften unterstützen wollen, wenn du es dir wünschst! Auf dich!

Rede der Mutter zum 18. Geburtstag der Tochter

Anlass	*18. Geburtstag der Tochter*
Dauer	*5–7 Minuten*
Stil	*feierlich*

Liebe Katja,

Das Verhältnis der Mutter zu ihrer Tochter

die „sweet little sixteen“ sind vorbei, auch die „siebzehn Jahr’, blondes Haar“, jetzt mit 18 heißt es „auf zu neuen Ufern“. Viele Eltern fürchten sich wahrscheinlich vor dem Tag, an dem ihre Kinder volljährig werden. Ich hingegen freue mich sehr und habe überhaupt keine Angst, dass dieser neue Status irgend etwas an dem Verhältnis zwischen uns und dir ändern wird.

Unabhängig bist du schließlich schon seit einigen Jahren. Du triffst deine eigenen Entscheidungen und weißt genau, was du willst und was nicht. Dennoch hast du uns nie das Gefühl gegeben mit dir und deinem Leben nichts mehr zu schaffen zu haben. Im Gegenteil: Du hast uns immer über das, was du tust, informiert.

Bewunderung für die Eigenschaften der Tochter

Ich bin wirklich stolz auf dich. Du bist so selbständig, wie ich es in deinem Alter gern gewesen wäre. Aber damals, als ich 18 war, waren wir alle viel unreifer als du und deine Altersgenossen es heute seid. Du vertrittst deine Meinung, auch wenn die anderen um dich herum anderer Ansicht sind. Du lässt dir auch von dem Mann, den du liebst, nicht vorschreiben, was du zu tun oder zu lassen hast. Du gehst deine eigenen Wege, auch wenn diese manchmal nicht ganz geradlinig sind. Immer hast du jedoch gute Argumente für das, was du tust oder unterlässt.

Das heißt natürlich nicht, dass du immer vernünftig bist. Aber das ist ja auch ganz gut so. Es würde mich auch wundern, wenn ein Jugendlicher deines Alters nur vernünftige Entscheidungen treffen würde. Ich glaube, ich würde mich dann fragen, was ich falsch gemacht hätte. Schließlich muss man manchmal auch Entscheidungen aus dem Bauch heraus fällen. Oft erweisen sich diese Entschlüsse im nachhinein sogar als die besten. Vernunft ist schließlich nicht alles!

Ganz beeindruckend finde ich auch, wie unverkrampft dein Umgang beziehungsweise der deiner ganzen Generation mit den Männern ist. Ich habe das Gefühl, dass bei euch das Geschlecht keine so große Rolle mehr spielt und dass es im Vergleich zu früher weniger Rivalitäten zwischen Männern und Frauen gibt. Das merkt man bereits daran, dass es zwischen dir und deinem Freund keine Streitigkeiten darüber gibt, wer kocht oder abwäscht. Jeder macht das, was er am besten kann; oft erledigt ihr solche unangenehmen Pflichten jedoch auch gemeinsam. Ich wünsche euch, dass es auch im weiteren Leben so wenig Reibungspunkte wie möglich zwischen euch geben wird.

Glückwünsche für das neue Lebensjahr

Liebe Katja, nun habe ich dir, glaube ich, eine ganze Menge zu deinem 18. Geburtstag gesagt, nur gratuliert habe ich dir noch nicht richtig. Das soll sich jetzt ganz schnell ändern: Ich wünsche dir all das, was auch du dir von deinem neuen Lebensjahr wünschst. Und von ganzem Herzen wünsche ich dir – und natürlich auch mir –, dass wir uns auch weiterhin so gut verstehen wie heute!

Rede des Vaters zum 18. Geburtstag des Sohnes

Anlass	*18. Geburtstag des Sohnes*
Dauer	*5–7 Minuten*
Stil	*feierlich, rückblickend*

Lieber Michael,

Rückblick auf die eigene Volljährigkeit

fast 25 Jahre ist es her, dass ich – so wie du heute – volljährig wurde. Mensch, war das ein Fest damals! Endlich durfte ich alle wichtigen Papiere selbst unterschreiben, ich konnte allein entscheiden, wann ich nach Hause kommen wollte, und ich musste mir nichts mehr verbieten lassen.

Bericht über die damalige Feier

Zur Feier all dieser neu gewonnenen Freiheiten bin ich mit meinen Freunden damals durch die Kneipen gezogen. Überall wo wir Station machten, ging es hoch her. Wir tranken, was das Zeug hält, und grölten so laut, wie es unsere Stimmen nur mitmachten. Wo wir überall waren, kann ich dir heute schon gar nicht mehr sagen – ich erinnere mich nur daran, dass ich glaubte mich noch nie in meinem Leben so befreit und fröhlich gefühlt zu haben.

Wie ich nach Hause gekommen bin, weiß ich nicht mehr. Wahrscheinlich wird einer meiner Freunde, der noch nicht so betrunken war wie ich, Erbarmen mit mir gehabt haben und mich heimgebracht haben. Woran ich mich dann allerdings wieder gut erinnern kann, waren die entsetzlichen Kopfschmerzen, mit denen ich am nächsten Morgen erwacht bin. Furchtbar übel war mir außerdem. Meine Mutter kam in mein Zimmer, als sie merkte, dass ich wach war. Ich wohnte damals auch noch bei meinen Eltern, genau wie du heute. Natürlich stellte sie sofort fest, wie elend es mir ging. Aber anstatt mir Vorwürfe zu machen, weil ich nicht zur Arbeit gegangen war, kümmerte sie sich rührend um mich. Sie rief sogar noch bei meinem Arbeitgeber an und entschuldigte mein Fehlen. Und genau in diesem Moment war ich froh, dass sich trotz meiner Volljährigkeit noch jemand so um mich kümmerte und ich nicht ganz allein auf mich selbst gestellt war.

Warum ich dir diese Geschichte erzählt habe, Michael? Ganz einfach: Ich weiß zwar, dass du heute sicherlich nicht mehr so über die Stränge schlagen wirst wie ich, schließlich hattest du bereits vor deinem 18. Geburtstag fast alle Freiheiten, die ich erst mit meiner Volljährigkeit erwarb. Doch ich will dir sagen, dass auch wir, deine Mutter und ich, weiterhin für dich da sein werden, wenn du uns brauchst. Manchmal ist es doch ganz schön, wenn man noch nicht ganz auf sich allein gestellt ist. Das verleiht eine gewisse Beruhigung. Außerdem haben wir uns ja auch immer gut verstanden und ich hoffe doch sehr, dass das so bleiben wird.

Zusicherung des Vaters, immer für den Sohn da zu sein

So, jetzt habe ich dein Fest aber lange genug unterbrochen. Auf dass es dir morgen besser geht als mir nach der Feier meiner Volljährigkeit, darauf möchte ich mit dir anstoßen! Auf dich, Michael, und auf deine neuen Freiheiten!

Rede des Vaters zum 18. Geburtstag der Tochter

Anlass	*18. Geburtstag der Tochter*
Dauer	*5–7 Minuten*
Stil	*heiter*

Liebe Claudia,

Rechte, die man mit dem 18. Geburtstag erwirbt

was du seit heute alles darfst: Auto fahren, Kredite aufnehmen, wählen, deine Entschuldigungen für die Schule selbst schreiben und vieles andere mehr. Dazu gratuliere ich dir jetzt erst einmal ganz herzlich. Doch um ehrlich zu sein, sehe ich schon jetzt schlimme Zeiten auf deine Mutter und mich zukommen!

Der Vater äußert seine Ängste

Als erstes vermute ich, dass wir unser Auto kaum noch zu sehen bekommen – du konntest es kaum abwarten, bis du endlich deinen Führerschein abholen durftest. Gemacht hattest du ihn ja bereits vor deinem 18. Geburtstag. Als du uns erzählt hast, wo du überall hinfahren möchtest, musste ich zunächst einmal schlucken. Dann habe ich zusammengerechnet, wie lange du unterwegs sein wirst. Ich kam auf ungefähr ein halbes Jahr! Vielleicht sollten Mutti und ich uns vorsichtshalber doch schon nach einem neuen Wagen umsehen – was meinst du?

Als du uns dann noch deine Wünsche aufgezählt hast, die du dir ab heute nach und nach erfüllen möchtest, weil du größere Anschaffungen jetzt ohne unsere Zustimmung machen darfst, wurde mir ganz anders. Vor meinem inneren Auge sah ich, wie deine Mutter und ich dir dann doch wieder aus der finanziellen Patsche helfen und unsererseits auf einiges verzichten müssen.

Am wenigsten schlimm finde ich es, dass du ab heute wählen darfst – schließlich hast du ähnliche politische Ansichten wie wir! Was mir jedoch auch überhaupt nicht behagt ist, dass du ab heute in der Schule fehlen darfst, ohne dass die Lehrer verpflichtet sind uns deine Fehlstunden mitzuteilen. Da ich weiß, wie gern du doch so ab und an den Unterricht „vergisst", fürchte ich das Schlimmste für deine Ausbildung.

Ich weiß, Claudia, du winkst jetzt ab. Deine Mutter hat genauso reagiert, als ich meine Befürchtungen geschildert habe. Sie hat sogar schallend gelacht. Sie meinte, du seist vernünftig genug zu wissen, was du tust. Schließlich seist du kein kleines Kind mehr, dass sich über die Folgen seines Verhaltens nicht bewusst ist. Außerdem würdest du für alles, was du tust, ganz allein gerade stehen.

Ich habe kurz nachgedacht, dann konnte ich auch nicht anders, als deiner Mutter zuzustimmen. Sie hat ja Recht. Ich sehe wahrscheinlich in dir immer noch das kleine Mädchen, das du vor Jahren warst. Also, Claudia, verzeih deinem armen alten Vater noch einmal – ich will es wohl nur nicht wahrhaben, dass du nun vollkommen erwachsen bist.

Gratulation und Zusicherung er Zuneigung

Eins sollst du jedoch noch wissen: Ich werde dich immer lieben, ganz egal wie alt du bist! Liebe Claudi, ich gratuliere dir ganz herzlich zu deinem 18. Geburtstag und wünsche dir alles Gute für deine nähere und fernere Zukunft! Bleib wie du bist!

Rede des Lebensgefährten der Mutter

Anlass	*18. Geburtstag des Sohnes der Lebensgefährtin*
Dauer	*5 Minuten*
Stil	*feierlich*

Lieber Markus,

Warum der Lebensgefährte spricht

vielleicht wunderst du dich, dass ich heute das Wort an dich richte und nicht deine Mutter. Ich habe sie jedoch extra darum gebeten, ein paar Worte zu diesem ganz besonderen Geburtstag sagen zu dürfen. Schließlich kennen wir uns nun schon ziemlich lange und du bist mir so ans Herz gewachsen als seist du mein eigener Sohn.

Hoffnung, das Geburtstagskind nicht aus den Augen zu verlieren

Du bist ja schon seit geraumer Zeit recht unabhängig und gehst deine eigenen Wege, doch wir freuen uns immer, wenn du ein wenig Zeit für uns findest. Ich hoffe, dass du trotz deiner nun auch gesetzlich garantierten Unabhängigkeit manchmal noch ein bisschen Zeit für uns haben wirst. Natürlich weiß ich, dass in deinem Alter viele Dinge wesentlich interessanter sind als Gespräche mit deiner Mutter und ihrem alten Freund, aber trotzdem wäre es schön, wenn wir noch ab und an miteinander reden würden. Schließlich können auch wir noch viel von dir lernen.

Heute jedoch wollen wir alle gemeinsam erst einmal ein großes Fest feiern – das gehört sich schließlich zu einem 18. Geburtstag so. Deine Mutter und ich haben uns sehr darüber gefreut, dass du nicht nur deine Freunde, sondern auch uns zu dieser Party eingeladen hast. Es ist ja schließlich nicht ganz selbstverständlich, dass Alte und Junge gemeinsam feiern. Meistens wollen die Jüngeren doch unter sich sein. Andererseits ist es natürlich auch ganz spannend, wenn mehrere Generationen aufeinander treffen. Ich jedenfalls finde es immer sehr anregend, mich mit Jüngeren zu unterhalten.

Überreichung eines Geschenks

Lieber Markus, natürlich haben wir uns auch ein Geschenk für dich ausgedacht. Zum 18. Geburtstag sollte man zwar eigentlich etwas Bleibendes schenken, damit das Geburtstagskind immer eine Erinnerung an diesen ganz besonderen Tag hat, aber wir haben uns gedacht, dass du dich über etwas anderes viel eher freuen wirst: Wir haben hier zwei Eintrittskarten für das Konzert deiner Lieblingsband, die demnächst in der Nähe spielen wird. Ich weiß, dass du bereits versucht hast Karten zu bekommen. Ich weiß auch, dass sie zu diesem Zeitpunkt bereits ausverkauft waren. Zum Glück hatten wir die Karten bereits. Selbstverständlich kannst du auch gern unser Auto nehmen, um zu dem Konzert zu gelangen. Deine Mutter und ich wünschen dir jedenfalls noch einmal alles Gute zu deinem Geburtstag!

Rede der Lebensgefährtin des Vaters

Anlass	*18. Geburtstag der Tochter des Lebensgefährten*
Dauer	*5 Minuten*
Stil	*nachdenklich*

Happy Birthday to you, liebe Lea,

Warum die Lebensgefährtin des Vaters eine Rede hält

dein Vater hat mich gebeten dir in unserem Namen zum Geburtstag zu gratulieren – du weißt ja, wie ungern er Reden hält! Also bleibt das mal wieder an mir hängen, aber in diesem Fall habe ich die Aufgabe wirklich gern übernommen! Also erst einmal alles, alles Liebe von uns zur Volljährigkeit!

Einige Gedanken über die Jugend und das Älterwerden

Liebe Lea, du bist noch so herrlich jung, auch wenn du dich heute sehr erwachsen fühlst. Lass mich dir deshalb einen Satz des französischen Schriftstellers André Maurois mit auf deinen Lebensweg geben, auch wenn du ihn heute vielleicht noch als lächerlich abtun magst. Maurois schrieb: „Jugend ist etwas sehr Wertvolles, nur weiß man es nicht, wenn man jung ist." Den Wert der Jugend erkennt man wirklich erst mit den Jahren. Deshalb kann ich dir nur sagen: Genieß diese Zeit und versuche nicht älter zu sein als du bist, auch wenn das in deinem Alter cool ist.

Je älter man wird, umso weniger alt hofft man im Vergleich mit Gleichaltrigen zu sein – oft fühlt man sich sogar jünger als die anderen. Das Komische an dieser Sache ist jedoch, dass die meisten anderen genauso denken. Schließlich ist man irgendwann umgeben von jungen Älteren. Sein richtiges Alter wird einem jedoch ganz schnell bewußt, wenn man sich an Orten aufhält, die traditionell eher jüngeren Menschen vorbehalten sind. In einer Diskothek zum Beispiel ist man ganz schnell der Oldie und fühlt sich unwohl.

Auch an den mit den Jahren auftretenden Abnutzungserscheinungen erkennt man sein wahres Alter. Während es in deinem Alter, liebe Lea, zum Beispiel noch problemlos möglich ist, eine Nacht durchzumachen und am nächsten Tag trotzdem halbwegs fit zu sein, fällt das mit zunehmenden Lebensjahren immer schwerer.

Dank an das Geburtstagskind für seine ansteckende Fröhlichkeit

Ich könnte dir noch viele solcher Beispiele aufzählen, aber dein Geburtstag heute ist schließlich nicht dazu da, über das Alter zu sinnieren. Im Gegenteil: Du sollst dich an deiner Jugend freuen, auch wenn du ab heute vor dem Gesetz zu den Erwachsenen gehörst. Dein Vater und ich, wir wünschen dir jedenfalls, dass du noch lange Zeit so unbeschwert und fröhlich bist wie heute. Ganz uneigennützig ist dieser Wunsch allerdings nicht: Deine Fröhlichkeit ist so ansteckend, dass auch wir uns in deiner Gegenwart jünger und unbeschwerter fühlen als wir sind. Schön, dass es dich gibt!

Rede einer Schwester zum 18. Geburtstag einer Schwester

Anlass	*18. Geburtstag der Schwester*
Dauer	*5 Minuten*
Stil	*heiter*

Liebe Frauke,

Ankündigung eines ganz besonderen Geschenks

in der letzten Zeit hast du dich so für Esoterik begeistert, dass ich mir ein ganz besonderes Geschenk zu deinem 18. Geburtstag ausgedacht habe. Ich will dir die Zukunft schenken! Nein, natürlich will und kann ich dir nicht deine weitere Ausbildung bezahlen, ich habe mir von einer Astrologin dein Horoskop für die nächsten zwölf Monate stellen lassen. Und das will ich dir hier jetzt kurz vorstellen.

Die Eigenschaften des Löwen

Wir wissen ja alle, dass du im Tierkreiszeichen des Löwen geboren wurdest. Nicht ganz ohne Grund zählt der Löwe zu den Feuerzeichen – das merkt man immer wieder an deinem überschäumenden Temperament und deiner Hitzköpfigkeit. In den nächsten zwölf Monaten wirst du dir durch diese Hitzköpfigkeit so manch ein Problem einhandeln, wenn du nicht lernst ein wenig maßvoller zu sein und Verständnis für all diejenigen aufzubringen, die nicht so schnell sind wie du! Also, sei nicht immer so frech, kleine Schwester!

Dein Löwen-Ehrgeiz wird dich jedoch auch im nächsten Jahr zu Höchstleistungen anstacheln – bedeutet das etwa, dass du ein ausreichend gutes Abi machst, um den Numerus clausus für den Beginn eines Medizinstudiums zu schaffen? Ein wenig zurückwerfen kann dich nur dein ausgeprägter Sinn für Gerechtigkeit – du setzt dich sehr für andere ein und handelst dir dadurch so manchen Ärger ein. Dennoch, liebe Frauke, lass dich von niemandem unterkriegen, der deiner Meinung nach Unrecht hat!

Und nun kommen wir zum spannendsten Teil des Horoskops: Was ist mit der Liebe in den folgenden zwölf Monaten? Ein wahrer Glückspilz scheinst du in der Liebe zu sein, Frauke! Alle deine Träume sollen Wirklichkeit werden. Ein wenig musst du jedoch selbst dafür tun: Du musst die Initiative ergreifen, wenn du dem Mann deiner Wünsche begegnest. Er ist nämlich leider zu schüchtern dazu. Wenn du jedoch den Mut aufbringst ihn anzusprechen, wird das nächste Jahr ein Traumjahr für dich!

Gute Wünsche für die Zukunft

Na, habe ich dir zuviel versprochen? Das sind doch wohl glänzende Aussichten für dein 18. Lebensjahr, oder? Liebe Frauke, ich wünsche dir, dass all die guten Prognosen in Erfüllung gehen, die schlechteren Vorhersagen dagegen unerfüllt bleiben! Zum Wohl, kleine Schwester!

Rede eines Bruders zum 18. Geburtstag eines Bruders

Anlass	*18. Geburtstag des Bruders*
Dauer	*5 Minuten*
Stil	*heiter*

Lieber Andreas,

Die Suche nach den richtigen Worten für einen Computerfreak

wie gratuliert man einem solchen Computerfreak wie dir zum 18. Geburtstag? Lange habe ich überlegt, bis mir endlich eine Idee kam. Die möchte ich dir jetzt vorstellen.

Vor einigen Tagen informierte mich mein Arbeitsspeicher darüber, dass mein kleiner Bruder volljährig wird. So richtig registriert hatte meine Festplatte dies bis dahin nicht. Da hieß es, alle Bits und Bytes auf Hochtouren arbeiten zu lassen, um mir ein Geschenk sowie eine Rede für dich einfallen zu lassen – schließlich ist so ein 18. Geburtstag schon etwas Außergewöhnliches!

Bericht über die schwierige Suche nach einem Geschenk, erzählt in „Computerdeutsch“

Ich durchforstete also die Software meiner Festplatte nach einem brauchbaren Gedanken – in deiner Sprache, Andreas, durchsuchte ich sie nach einer brauchbaren Datei. Doch es schien, als seien alle benutzbaren Dateien durch einen Systemabsturz verloren gegangen, und auch eine Sicherheitskopie, ein Backup, war nirgendwo aufzutreiben. Mir blieb also nichts anderes übrig, als mich ins Internet einzuloggen, um dort nach ein paar vernünftigen Informationen zu suchen. Doch allein hatte ich keine Chance dort etwas zu finden. Ich chattete also mit einigen anderen Internet-Usern, die mich endlich auf die richtige Idee brachten. Die eigene Home page für Andreas, das wäre doch das ideale Präsent. Für alle Anwesenden, die nicht wissen, was eine Home page ist: Dies ist eine eigene Seite im Internet, die von allen Benutzern aufgerufen werden kann.

Ja, Andreas, und solch eine Home page habe ich jetzt von Freunden für dich einrichten lassen – du weißt ja, ich bin ein ziemlicher Laie auf diesem Gebiet. Es fiel mir schon schwer genug, eine Rede zumindest halbwegs in diesem Jargon zu halten und ins Internet zu gelangen. Die Adresse, unter der du diese Seite aufrufen kannst, habe ich für dich notiert.

Gratulation

Ich wünsche dir noch ganz viel Spaß an deinem 18. Geburtstag und mit deiner Home page und hoffe, du verzeihst mir, falls ich aus Versehen und aus Unwissenheit einen falschen Ausdruck benutzt haben sollte!

Rede des Paten zum 18. Geburtstag des Patenkindes

Anlass *18. Geburtstag des Patenkindes*
Dauer *5 Minuten*
Stil *feierlich*

Liebe Katrin,

Ungläubigkeit darüber, dass die Zeit so schnell vergeht

so richtig glauben kann ich es noch nicht: Du bist jetzt tatsächlich 18 Jahre alt und damit volljährig. Dabei erinnere ich mich noch ganz genau daran, dich am Tag deiner Taufe auf dem Arm gehalten zu haben. Doch das war gestern und du hast mittlerweile bestimmt genug von Rückblicken auf deine Kindheit, blicken wir also lieber auf Gegenwart und Zukunft!

Rechte und Pflichten, die mit der Volljährigkeit verbunden sind

Zunächst einmal gratuliere ich dir natürlich ganz herzlich zur Volljährigkeit – damit beginnt für dich nun ein ganz neuer Lebensabschnitt. Mit den zahlreichen Rechten, die du ab heute hast, sind leider auch eine ganze Reihe Pflichten verbunden. Du bist für das, was du tust, von nun an ganz allein verantwortlich. Doch keine Angst! Das hört sich schlimmer an als es ist. Nach und nach wächst man in die Verantwortung hinein und möchte sie um keinen Preis der Welt wieder abgeben. Außerdem kannst du dich ja immer noch an deine Eltern wenden, wenn du einmal Hilfe brauchst. Ich, als dein Pate, stehe dir selbstverständlich auch jederzeit zur Seite. Aber wie ich dich kenne, wirst du sicher auch sehr gut allein mit deinen neuen Rechten und Pflichten zurechtkommen.

Doch nun genug davon. So ein 18. Geburtstag ist ja vor allem ein Grund zum Feiern, zum Fröhlichsein und zur Übergabe von Geschenken. Logisch, dass ich dir auch etwas mitgebracht habe. Deine Eltern haben mir gesagt, dass du dir sehnlichst eine ganz bestimmte Sonnenbrille wünschst – und genau die habe ich für dich mitgebracht. Allerdings soll damit nicht die Sonne aus deinem Leben verbannt werden, sie soll dich nur davor schützen, geblendet zu werden. Schließlich machst du – wie ich weiß – gerade deinen Führerschein und dabei soll sie dir auch wertvolle Dienste leisten.

Hoffnung darauf, sich auch weiterhin häufiger zu sehen

Liebe Katrin, auch wenn Paten vorrangig dazu da sind, auf die christliche Erziehung ihres Patenkindes zu achten, und deine Erziehung nun abgeschlossen ist, sei gewiss, dass du immer zu mir kommen kannst, wenn du etwas auf dem Herzen hast. Schön wäre es allerdings auch, wenn wir uns weiterhin einfach einmal zwischendurch sehen könnten! Nochmal alles Liebe zu deinem 18. Geburtstag!

Rede eines Freundes

Anlass	*18. Geburtstag eines Freundes*
Dauer	*5 Minuten*
Stil	*nachdenklich*

Lieber Steve,

Grund für die Rede

wir, deine Freunde, haben uns gedacht, dass zu einem so besonderen Geburtstag wie dem deinen neben Geschenken auch eine Rede gehört. Schließlich wird man ja nur einmal im Leben 18. Da ich dein bester Freund bin und dich deshalb vermutlich am besten kenne, habe ich mich entschlossen ein paar Worte zu sagen.

Seit mittlerweile sechs Jahren machen wir fast alles gemeinsam. Wir haben dieselben Hobbys, mögen die gleichen Leute und hören die gleiche Musik. Samstagabends sind wir immer gemeinsam auf Achse und auch unsere Freundinnen kommen gut miteinander aus. Wir waren außerdem bereits einige Male zusammen im Urlaub und haben dabei immer sehr viel Spaß gehabt. Weißt du, wovor es mir jetzt schon ein wenig graut? Vor unserem Schulabschluss. Schließlich weiß keiner von uns, was danach kommt – ob wir uns aus den Augen verlieren werden oder ob wir auch dann gute Freunde bleiben, wenn wir beide unterschiedliche Wege einschlagen. Ich fände es wirklich sehr schade, wenn unsere Freundschaft zerbrechen würde, nur weil wir uns nicht mehr so häufig sehen können. Ich werde alles daran setzen, dass wir den Kontakt zueinander aufrecht erhalten – das verspreche ich dir!

Der 18. Geburtstag als Zeitpunkt großer Veränderungen

Eigentlich hatte ich gar nicht geplant zu deinem Geburtstag so eine ernsthafte Rede zu halten – schließlich ist das hier ein fröhliches Fest. Doch das sind ganz einfach die Gedanken, die mir momentan häufiger durch den Kopf gehen. Außerdem ist der 18. Geburtstag ein Datum, das den Umbruch symbolisiert, und uns steht ja einiges an Veränderungen im Leben bevor. Da kann man ruhig einmal ein wenig nachdenklich werden, meine ich.

Vorfreude auf die große Party

Trotzdem freue ich mich natürlich jetzt auf die große Party, das ist doch klar! Vor morgen früh hören wir nicht auf zu feiern. Dein 18. Geburtstag soll zu einem Fest werden, das du so schnell nicht vergessen wirst. Darum höre ich jetzt auch auf zu reden. Auf Dich Steve!

Rede der Großmutter

Anlass	*18. Geburtstag der Enkelin*
Dauer	*5 Minuten*
Stil	*amüsant aber auch feierlich*

Hoch lebe Carina!

Freude über den Geburtstag der Enkelin

Meine liebe Enkelin, vor 18 Jahren sind wir uns zum ersten Mal begegnet, heute sehe ich dich wahrscheinlich bereits zum abertausendsten Mal – aber dennoch ist es immer wieder schön, wenn wir uns treffen. Natürlich ist unsere Begegnung heute noch um einiges schöner, denn ein Geburtstag ist stets etwas Besonderes und der 18. Geburtstag ist ein ganz besonderer unter diesen besonderen Tagen. Daher gratuliere ich dir von ganzem Herzen zu deinem Ehrentag!

Vergleich zwischen den Jugendlichen früher und heute

Als ich in deinem Alter war, musste ich noch drei Jahre bis zu meiner Volljährigkeit warten – damals wurde man erst mit 21 Jahren volljährig. Wie die Zeiten sich ändern, nicht wahr? Aber ich glaube, die jungen Menschen sind heute auch viel reifer als wir es damals waren. Ihr müsst es auch sein, denn so behütet wie wir in unserer Jugend waren, seid ihr heute wirklich nicht mehr. Außerdem müsst ihr euch auf eine im Gegensatz zu früher völlig veränderte Welt einstellen. Ihr könnt euch zum Beispiel nicht darauf verlassen, dass ihr ein Leben lang den gleichen Beruf in derselben Firma ausüben werdet. Stattdessen heißt heute die Devise: lebenslanges Lernen, lebenslange Mobilität und Flexibilität. Das stellt ganz andere Anforderungen an euch.

Vieles, was heute so selbstverständlich ist, gab es zu meiner Jugendzeit noch nicht. Verhütungsmittel zum Beispiel waren damals noch schwer zu beschaffen – die Pille war noch nicht auf dem Markt. Treffpunkte für junge Leute waren ebenfalls eine Rarität. Da habt ihr es heute besser. Ihr habt aber auch die Qual der Wahl, was die Männer und die Treffpunkte anbelangt.

Gratulation und Trinkspruch

Jedenfalls ist es absolut gerechtfertigt, dass ihr bereits mit 18 Jahren volljährig werdet. Besonders du, Carina, bist mit deinen 18 Jahren so reif, wie ich es wahrscheinlich mit 21 noch nicht war. Dennoch hast du dir noch immer deine jugendliche Fröhlichkeit und Spontaneität bewahrt. Ich wünsche dir, dass du diese Mischung aus Reife und jugendlicher Frische beibehältst. Lasst uns nun alle gemeinsam auf Carinas Wohl anstoßen und ihr viel Glück für die Zukunft wünschen!

Reden zum 30. Geburtstag

Rede des Mannes zum Geburtstag der Ehefrau

Anlass *30. Geburtstag der Ehefrau*
Dauer *5–7 Minuten*
Stil *liebevoll*

Liebe Franka,

Die Bedeutung des Tages der Geburt seiner Ehefrau für den Ehemann

auch wenn ich es damals nicht wusste und mit meinen drei Jahren auch noch nicht wissen konnte: Heute vor 30 Jahren war einer der wichtigsten Tage in meinem Leben. Schließlich wurdest du an diesem Tag geboren! Dafür bin ich deinen Eltern noch heute sehr dankbar!

Beschreibung des Kennenlernens und des Zusammenlebens

Es hat allerdings noch etwa 25 Jahre gedauert, bis wir uns das erste Mal begegnen sollten, aber vielleicht war das auch ganz gut so! Deine Eltern haben mir erzählt, dass du ganz schön frech gewesen sein sollst, als du jünger warst. Das kann ich mir zwar nicht so richtig vorstellen, aber deine Eltern haben ein wenig aus dem Nähkästchen geplaudert, damit ich ihnen glaube. Keine Angst! Die größten Geheimnisse haben sie nicht verraten – dafür sind sie zu diskret.

Jedenfalls meinten sie, deine wilde Zeit hätte bereits hinter dir gelegen, als wir uns kennen lernten. Wahrscheinlich hättest du mich sonst auch nicht beachtet, denn besonders abenteuerlich sah ich schließlich nicht aus, als wir uns begegnet sind. Ich wundere mich heute noch, dass du dich trotz der großen Auswahl, die du hattest, für mich entschieden hast.

In den gut fünf Jahren, die wir uns nun kennen, hat sich dein Leben von Grund auf verändert. Nach deinem Studium hast du begonnen zu arbeiten. Anschließend haben wir geheiratet und vor zwei Jahren kam dann unsere kleine Tanja zur Welt. Das waren alles recht große Einschnitte in deinem Leben. Umso erleichterter bin ich heute, dass du sagst, du hättest keinen dieser Schritte jemals bereut – im Gegenteil: Du seist glücklicher als zu jedem anderen Zeitpunkt in deinem Leben. Schließlich geht es mir genauso!

Vor deinem 30. Geburtstag hast du dich dennoch ein wenig gefürchtet. Schließlich würde mit diesem Tag ein völlig neuer Lebensabschnitt beginnen, meintest du. Die Jugend sei nun endgültig vorbei und du würdest nun zur reiferen Generation gehören. Ach, Franka, es kommt immer darauf an, was man aus einem vermeintlich neuen Lebensabschnitt macht! Ich glaube, der Schritt, den du damals mit unserer Heirat und der Geburt unserer Tochter gewagt hast, war ein viel größerer, als der Schritt, den du heute tust. Und selbst wenn du noch immer ein bisschen Angst hast: Ich bin doch da, um dir zu helfen und beiseite zu stehen! Immerhin habe ich schon etwas Erfahrung beim Übergang von den ach so „wilden" Zwanzigern hin zu den wesentlich „gesetzteren" Dreißigern!

Glückwünsche und Wünsche für die Zukunft

Liebe Franka, Tanja und ich, wir gratulieren dir hiermit noch einmal ganz herzlich zu deinem dritten runden Geburtstag. Wir hoffen, daß wir noch weiterhin eine so schöne Zeit miteinander haben werden wie bisher und wünschen uns, dass du so bleibst, wie du bist – auch wenn du nun älter und – wie könnte ich es vergessen? – auch reifer bist! Alles Liebe zu deinem Geburtstag!

Rede der Frau zum Geburtstag des Ehemannes

Anlass *30. Geburtstag des Ehemannes*
Dauer *5–7 Minuten*
Stil *heiter*

Lieber Thilo,

Anspielung auf das „hohe" Alter

eigentlich müsste ich dich ja etwas ehrfürchtiger als sonst ansprechen, denn schließlich bist du mit 30 Jahren nun ein „gesetzter älterer Herr"! Aber irgendwie kommt mir heute noch nichts Ehrfürchtiges über die Lippen, denn du siehst genauso aus wie immer.

Die Vorstellungen der Ehefrau von einem 30-Jährigen verglichen mit der Wirklichkeit

Ich dachte eigentlich, dass man dir ansehen müsste, dass du nun kein Twen mehr bist. Ich glaubte, dass von gestern auf heute irgendwelche körperlichen Anzeichen darauf hindeuten müssten, dass du in die „mittleren" Jahre kommst. Ich war der Ansicht, dir müssten urplötzlich ein paar graue Haare wachsen, dein Gang müsste schleppender werden und die Falten in deinem Gesicht würden sich auf einmal vertiefen, so als wisse dein Körper, dass die Jugend nun hinter dir liegt. Doch was ist passiert? Nichts! Du hast immer noch dein volles, dunkles Haar, deine Bewegungen sind elastisch wie eh und je und Falten hast du nach wie vor weniger als ich. Wie kommt das? Bist du in einen Jungbrunnen gefallen, hat gar unsere Ehe einen solch positiven Einfluss auf deine Konstitution oder habe ich mir einfach nur falsche Vorstellungen von dem 30. Geburtstag meines Mannes gemacht? Ich fürchte, ich muss zugeben, dass ich mich geirrt habe. Und du, Thilo, weißt ja, wie schwer mir das fällt. Doch was tut man nicht alles zum runden Geburtstag seines Ehemannes!

Liebe Freunde, könnt ihr euch das vorstellen? Zur Feier des Tages habe ich Thilo heute früh sogar das Frühstück ans Bett gebracht. Doch nicht nur das: Ich habe ihn nach Strich und Faden verwöhnt, habe ihm jeden Wunsch von den Augen abgelesen. Ich glaube, Thilo war so perplex, dass er das alles gar nicht richtig würdigen konnte. Das ist wahrscheinlich auch verständlich, denn normalerweise weigere ich mich standhaft auch nur einen Handschlag mehr zu tun, als wir beide miteinander vereinbart haben. Schließlich führen wir eine gleichberechtigte Ehe. Aber an einem 30. Geburtstag darf man da schon einmal eine Ausnahme machen!

Eine Überraschung hatten wir alle ja noch: diese Party! Zwar wollte Thilo seinen Geburtstag gern feiern, doch wir hatten vorher abgesprochen, dass ihr alle absagt, wenn er euch einlädt. Ihr glaubt gar nicht, wie enttäuscht Thilo zunächst war! Sogar sein bester Freund hatte an seinem 30. Geburtstag noch dringend eine wichtige Arbeit zu erledigen und musste absagen… Umso größer war der Überraschungseffekt, als ihr vorhin doch alle vor der Tür standet. Ich glaube, eine größere Freude hätten wir ihm nicht machen können!

Beteuerung der Zuneigung

Lieber Thilo, verzeih deinen Freunden und entschuldige meine Spötteleien! Du weißt ja, wie gern alle deine Freunde dich haben und wie sehr ich dich mag! Alles Gute, mein junggebliebener 30-Jähriger!

Rede der Mutter zum Geburtstag des Sohnes

Anlass *30. Geburtstag des Sohnes*
Dauer *5 Minuten*
Stil *eher heiter, in Abschnitten feierlich*

Mein lieber Marko,

Rückblick auf den Tag der Geburt

als du vor 30 Jahren geboren wurdest, habe ich – ehrlich gesagt – keinen einzigen Gedanken daran verschwendet, dass du jemals erwachsen sein würdest, oder, dass wir zusammen irgendwann einmal deinen 30. Geburtstag feiern würden. Denn tausend andere Dinge standen damals an. Und jetzt sind doch tatsächlich drei Jahrzehnte seit deiner Geburt vergangen! Keine Angst, Marko: An diesem ganz besonderen Tag werde ich sicherlich nicht melancholisch. Ein wenig zurückblicken möchte ich aber trotzdem!

Vergleiche zwischen dem Baby und dem 30-Jährigen

3800 Gramm – soviel hast du heute vor 30 Jahren auf die Waage gebracht. Damals dachte ich schon, du seist schwer, doch im Laufe der Zeit hat sich dein Gewicht in etwa verzwanzigfacht. Auch deine Geburtsgröße von 50 Zentimetern hat sich in den 30 Jahren deines Lebens fast vervierfacht. Gleichgeblieben ist jedoch deine kräftige Stimme – schon als Säugling gelang es dir, alle, aber auch wirklich alle auf dich aufmerksam zu machen. Das hat sich – zum Glück muss ich sagen – bis heute nicht geändert.

Geändert hat sich jedoch dein Schlafbedürfnis: Während ich vor 30 Jahren das Gefühl hatte, du bräuchtest überhaupt keinen Schlaf, kannst du dich heute hinlegen und schon bist du eingenickt. Wäre das nur damals schon der Fall gewesen! Du hättest uns einiges erspart! Dein gewinnendes Lächeln macht jedoch heute, genau wie vor 30 Jahren, alles wett, wenn du irgend etwas ausgefressen hast. Als Baby hast du in unbeaufsichtigten Momenten gern an der Tischdecke gezogen und wenn dann alles auf dem Boden lag, hast du uns strahlend angelächelt – wahrscheinlich warst du stolz auf deine Großtat. Heute ziehst du zum Glück an keiner Tischdecke mehr, doch ich wette, deine Frau könnte von allerlei Schandtaten berichten, wenn man sie fragen würde. Ich bin sicher, du lächelst sie anschließend ebenfalls strahlend an, so dass sie dir nicht böse sein kann.

Zusicherung der Zuneigung

So hat sich in den 30 Jahren einiges verändert, anderes hingegen nicht. Vor allem eines blieb die ganze Zeit über gleich: Die Zuneigung, die dein Vater und ich für dich empfinden! Ich hoffe, dass wir auch zu deinem 40. Geburtstag alle wieder hier zusammensitzen, auch wenn ich mir heute noch nicht vorstellen kann, dass du irgendwann einmal so alt sein wirst. Liebe Freunde, lasst uns nun alle auf Markos hoffentlich glückliche Zukunft trinken! Zum Wohl!

Rede des Vaters zum Geburtstag der Tochter

Anlass	*30. Geburtstag der Tochter*
Dauer	*5 Minuten*
Stil	*nachdenklich feierlich*

Liebe Sabine,

Gedanken über das Alter

was ist das nur für ein Alter – 30 Jahre? Ich weiß, dass du dir diese Frage stellst, wir haben schließlich einige Male darüber geredet. Ich habe mir einige Gedanken gemacht, um dir deine Frage beantworten zu können. Allerdings erhebe ich keinen Anspruch darauf, dass sie Allgemeingültigkeit besitzen. Möglicherweise wirst auch du, Sabine, hinterher sagen, dass ich mit meinen Ideen zum 30. Lebensjahr falsch liege.

Ich habe versucht mich an das zu erinnern, was mir an meinem 30. Geburtstag durch den Kopf ging. Ganz leicht war das nicht, wie du dir vorstellen kannst. Das ist nun immerhin auch fast 30 Jahre her. Aber ich weiß noch genau, dass ich einerseits intensiv an die Zukunft dachte, jedoch andererseits zum ersten Mal auch auf mein bisheriges Leben zurückblickte, um zu sehen, was ich bereits erreicht hatte. Dabei kam ich zu dem Schluss, dass 30 ein Alter ist, in dem man für viele Dinge noch zu jung, für andere jedoch schon viel zu alt ist – zumindest in den Augen anderer! Für manche Dinge ist man sowohl zu jung als eigentlich auch schon zu alt. So ist man in den Augen vieler Älterer noch zu unerfahren, um im Beruf bereits einen Karrieregipfel erklommen zu haben, in den Augen anderer hingegen wird man dies nie schaffen, wenn man nicht bereits mit 30 eine leitende Position innehat. Du, Sabine, magst dich mit 30 noch zu unreif fühlen, um eine Familie zu gründen und Kinder zu haben, viele andere werden sagen, es wird langsam Zeit, an eine Familiengründung zu denken, weil die biologische Uhr laut zu ticken beginnt.

Die Vorstellungen anderer vom 30. Lebensjahr

Nach all diesen Gedanken kam ich zu dem Ergebnis, dass du ganz Recht hattest dich zu fragen, was 30 denn für ein merkwürdiges Alter sei. Doch glaub deinem alten, erfahrenen Vater: Diese Frage wirst du dir auch an den folgenden Geburtstagen, insbesondere den kommenden runden stellen. Am besten, du vergisst alle Antworten so schnell es geht und lebst dein Leben nach deinen Vorstellungen. Damit kannst du mit Sicherheit nichts falsch machen! Herzlichen Glückwunsch, Sabine!

Rat des Vaters an die Tochter

Rede eines jüngeren Bruders

Anlass	*30. Geburtstag der älteren Schwester*
Dauer	*5–7 Minuten*
Stil	*heiter*

Liebe große Schwester,

eigentlich darf ich dich ja gar nicht mehr so nennen, weil ich größer bin als du, aber als ältere Schwester will ich dich

Glückwünsche zum gefürchteten Geburtstag

schließlich auch nicht bezeichnen, das hört sich nicht nett an. Also, liebes Schwesterchen – ich gratuliere dir nun erst einmal ganz herzlich zu deinem gefürchteten 30. Geburtstag. Du merkst selbst, dass es gar nicht so schlimm ist, 30 Jahre alt zu werden, wie du zunächst dachtest, oder? Schließlich verursacht so ein Geburtstag keine Schmerzen und keine deiner Befürchtungen ist eingetreten!

Befürchtungen und Hoffnungen der Schwester zum 30. Geburtstag

Liebe Freunde, Tina dachte nämlich, dass sie mit ihrem 30. Geburtstag auf einen Schlag alt werden würde. Sie glaubte, es würden sich praktisch über Nacht tiefe Krähenfüße um ihre Augen herum zeigen, ihre Haut würde runzelig werden und der körperliche Verfall sei unübersehbar. Und was ist? Sie steht so schön und frisch wie immer vor uns.

Genau wie ihre Befürchtungen sind jedoch auch Tinas Hoffnungen nicht eingetreten – auch wenn sie das schade findet. Ich bin aber eigentlich ganz froh, dass sich nicht alle ihrer Wünsche erfüllt haben. Tina hoffte nämlich, mit dem 30. Geburtstag würde sie die Erleuchtung überkommen – sie würde nur noch hochgeistige Ergüsse von sich geben und der Sinn des Lebens würde sich ihr ebenfalls über Nacht offenbaren. Doch nichts von alledem: Sie ist – glücklicherweise – immer noch zu allem Blödsinn aufgelegt und genauso albern wie zuvor.

Liebes Schwesterchen, du kannst mir glauben: Es ist schon gut so wie du bist. Mein Gefühl sagt mir, dass du selbst zu deinem 50. Geburtstag noch fast so frisch aussehen wirst wie heute und zu allerlei Unfug aufgelegt sein wirst. Andere wären froh darüber, wenn man so etwas über sie sagen könnte. Es gibt schließlich genug junge alte Leute. Du kennst doch auch diese Menschen, bei denen man trotz ihres jugendlichen Alters das Gefühl hat, sie müssten bereits 100 sein, oder? Sei froh, dass du nicht zu ihnen gehörst!

Der Bruder stößt auf seine Schwester an

Jetzt will ich aber aufhören zu reden, damit wir deinen Geburtstag ausgiebig feiern können. Außerdem merkt man schon, wie du darauf brennst, einen deiner lockeren Sprüche loszuwerden. Lass mich dir noch einmal alles Gute wünschen und mit dir anstoßen, bevor du die nächste Spitze gegen mich loslässt. Prost, liebe Tina!

Rede einer älteren Schwester

Anlass	*30. Geburtstag des jüngeren Bruders*
Dauer	*5–7 Minuten*
Stil	*heiter*

Lieber Frank,

Gratulation zur gelungenen Geburtstagsfeier

als ältere Schwester guckt man sich schon ganz genau an, was der jüngere Bruder so macht. Auch die Vorbereitungen zu deinem 30. Geburtstag habe ich sehr genau beobachtet. Das Ergebnis kann sich – wie eigentlich alles, was du anpackst – sehen lassen!

Beschreibung der Eigenarten des Bruders

Manchmal war ich ja ein wenig skeptisch, was du wohl mit deinem Leben anfangen würdest. Schließlich warst du bei fast allem, was du getan hast, ein Spätzünder. Du hast deinen Schulabschluss mit einjähriger Verspätung gemacht, weil du gern noch eine „Ehrenrunde" drehen wolltest, und dein Studium hat sich auch etwas länger hingezogen als bei einigen deiner Freunde. Im Endeffekt hat dir das Ergebnis jedoch Recht gegeben: Dein Abiturzeugnis sieht wesentlich besser aus als mein Abschlusszeugnis und dein Diplom hast du mit einer Eins vor dem Komma absolviert. Hut ab, lieber Frank!

Auch im Privatleben hast du alles etwas langsamer angehen lassen. Wir wunderten uns schon alle, dass du mit Mitte 20 noch keine feste Freundin hattest, obwohl alle deine Freunde bereits fest liiert waren. Ich habe dich darauf angesprochen und du hast geantwortet, dass dir die Frau, mit der du dir vorstellen könntest, länger als ein paar Tage zusammen zu sein, noch nicht über den Weg gelaufen sei. Kurze Zeit darauf ist dir dann Heike begegnet. Du warst mit Heike noch kein Jahr befreundet, als du mich mit der Ankündigung eurer Hochzeit in Erstaunen versetztest. Schließlich warst du einer der Ersten in deinem Freundeskreis, die sich für eine Hochzeit entschieden haben. Das hat mich doch sehr verblüfft! Aber wie immer war es für dich die richtige Entscheidung.

Doch ganz aus deiner Haut kannst du immer noch nicht: Schließlich trudelte die Einladung zu deiner heutigen Geburtstagsfeier erst vor vier Tagen bei mir ein. Deine Freunde berichteten, sie hätten ebenfalls nicht eher von deiner Party erfahren, doch hätten sie sich den heutigen Termin freigehalten, weil sie sich sicher waren, dass du feiern würdest. Du merkst schon: Alle kennen deinen kleinen Spleen und haben sich bereits darauf eingestellt! Und deine Geburtstagsfeier übertrifft selbstverständlich wieder einmal all unsere Er wartungen!

Glückwünsche zum Geburtstag

Lieber Frank, ich wünsche dir alles Gute zu deinem 30. Geburtstag! Ich freue mich sehr darüber, Gast auf dieser gelungenen Geburtstagsparty zu sein und höre nun besser auf, damit es nun mit Volldampf weitergehen kann! Zum Wohl, kleiner Bruder!

Rede eines Freundes zum 30. Geburtstag eines unverheirateten Freundes

Anlass *30. Geburtstag des unverheirateten Freundes*
Dauer *5–7 Minuten*
Stil *heiter*

Lieber Andreas,

Überreichung eines Besens zum Fegen des Rathausplatzes

heute bist du dran: Du musst den Rathausplatz fegen! Wer 30 Jahre alt wird ohne vorher geheiratet zu haben, hat es nun einmal nicht anders gewollt. Wir haben dir deshalb auch diesen Besen mitgebracht, damit du dich nicht mir der Ausrede drücken kannst, du hättet keinen!

Nach getaner Arbeit wollen wir natürlich auch noch mit dir feiern. Wir wissen zwar, dass du Essen und Getränke besorgt hast, haben aber trotzdem auch einiges mitgebracht, damit du wieder zu Kräften kommst – der Rathausplatz ist schließlich groß. Gut, dass du in den letzten Wochen regelmäßig im Fitnessstudio warst, sonst müssten wir befürchten, dass du deiner Aufgabe gar nicht gewachsen bist. Doch so haben wir keine Angst um dich! Du schaffst das schon!

Warum das Geburtstagskind fegen muss

Vielleicht wirst du ja auch schon vor Beendigung deiner Tätigkeit erlöst? Du weißt ja, dass du mit dem Fegen aufhören darfst, wenn eine Jungfrau dich küsst. Wir werden sehen…

Du hättest es natürlich auch einfacher haben können. Wenn du vor dem 30. Geburtstag deine Katrin geheiratet hättest, wäre dir die Schmach erspart geblieben. Aber wer nicht hören kann, muss fühlen – das hat sich auch Katrin gedacht, die sich, genau wie wir, auf deinen Auftritt freut! Denk nun nicht, wir seien schadenfroh – so mancher von uns musste auch schon zum Besen greifen und du hast dann ebenfalls gelacht.

Lieber Andreas, wir haben uns allerdings auch etwas ausgedacht, um dir deine Aufgabe zu erleichtern – wir sind schließlich keine Unmenschen! Wir nehmen etwas zu trinken mit, damit du dich zwischendurch immer mal wieder erfrischen kannst. Verdursten sollst du bei deiner schweißtreibenden Tätigkeit wirklich nicht! Sonst würde sicherlich auch Katrin böse werden. Auch wenn ihr nicht verheiratet seid, ihr lebt ja nun schon seit geraumer Zeit zusammen und sie hat sich bereits sehr an dich gewöhnt. Außerdem wollen wir in keinem

Fall auf das anschließende Fest verzichten, nur weil du uns beim Fegen zusammenbrichst. Dafür sind wir viel zu egoistisch.

So, Andreas, jetzt aber genug der vielen Worte! Es wird nun allmählich Zeit, dass wir losgehen, sonst ist es dunkel und wir können dein Werk nicht mehr richtig bestaunen. Doch zuvor wollen wir dir natürlich alle noch ganz herzlich gratulieren. Auch wenn er in deinem Fall mit etwas Arbeit verbunden ist: So ein 30. Geburtstag ist doch etwas ganz Besonderes! Herzlichen Glückwunsch!

Glückwünsche zum Geburtstag

Rede einer Freundin zum 30. Geburtstag einer unverheirateten Freundin

Anlass	*30. Geburtstag der unverheirateten Freundin*
Dauer	*5–7 Minuten*
Stil	*feierlich*

Liebe Carola,

Der Grund für die Rede

30 Jahre wirst du heute! Als deine langjährige Freundin kann ich es mir natürlich nicht entgehen lassen, zu diesem ganz besonderen Tag ein paar Worte zu sagen. Schließlich konnten wir zwei es uns nie so richtig vorstellen, dass auch wir einmal dieses „magische" Alter erreichen werden.

Solange man noch in den Zwanzigern ist, erscheint einem das vierte Lebensjahrzehnt noch weit entfernt – doch auf einmal ist es so weit, schneller als man denkt. Ich weiß noch, wie wir uns vor einigen Jahren vor diesem Datum gefürchtet haben, doch heute kommt es uns viel weniger gruselig vor als

Rückblick auf die Träume, die die Freundinnen mit 20 Jahren hatten

damals. Wir haben uns erst neulich darüber unterhalten und übereinstimmend gesagt, dass wir auf keinen Fall mehr jünger sein wollen. Erstaunlich, wie sich die Zeiten und Ansichten ändern, was?

Ich erinnere mich auch noch gut an unsere Träume, die wir mit 20 Jahren geträumt haben. Wir beide waren der Ansicht, dass wir mit Sicherheit im hohen Alter von 30 Jahren bereits verheiratet wären und Kinder hätten. Und was ist heute? Keine von uns beiden ist verheiratet, geschweige denn dass sich Kinder ankündigen würden. Früher hätte man uns späte Mädchen und alte Jungfern genannt, doch zum Glück haben sich die Zeiten geändert.

Doch warum hat sich alles anders ergeben, als wir damals gedacht haben? Ganz einfach: Unsere Ziele haben sich ganz allmählich geändert – Jungmädchenträume nutzen sich nun einmal mit der Zeit ab. Plötzlich stand der Beruf im Vordergrund und das Ziel, auf eigenen Beinen zu stehen und Erfolg zu haben. Das ist dir und mir auch ganz gut geglückt. Natürlich kam auch das Privatleben nicht zu kurz, denn allein der Beruf hätte uns beide nicht zufrieden gestellt. Du lebst mittlerweile seit drei Jahren mit Karsten zusammen, allerdings ohne Trauschein, dafür seid ihr sehr glücklich. Heiraten ist kein Thema, solange noch keine Kinder da sind.

Vorfreude auf die nächsten zehn Jahre

In einer ruhigen Stunde haben wir uns neulich – wie damals mit 20 – erzählt, was wir beide uns von den nächsten zehn Jahren erwarten. Es wird spannend sein, später auf dieses Gespräch zurückzublicken. Beide sind wir der Ansicht, dass wir in jedem Fall noch Kinder wollen, aber unseren Beruf nicht aufgeben werden. Etwas flexibler als mit 20 sind unsere Träume und Wünsche geworden: Wenn alles nicht so klappt, wie wir es uns vorstellen, werden wir das auch akzeptieren. Mal sehen, was daraus wird!

Auf die nächsten zehn Jahre unserer Freundschaft, Carola, und die liebsten und herzlichsten Glückwünsche zu deinem 30. Geburtstag!

Reden zum 40. Geburtstag

Rede der Frau zum Geburtstag ihres Mannes

Anlass	*40. Geburtstag des Ehemannes*
Dauer	*5 Minuten*
Stil	*feierlich*

Lieber Ulrich,

Zitat zum Älterwerden

wie sagte der amerikanische Politiker und Erfinder Benjamin Franklin doch so treffend: „Im zwanzigsten Lebensjahr regiert der Wille, im dreißigsten das Wissen, im vierzigsten das Urteil." Mir scheint fast, als müsse Mister Franklin dich gekannt haben, denn diese Charakterisierung trifft voll und ganz auf dich zu. Das kann ich als deine Ehefrau, die dich seit über 20 Jahren kennt, wohl bedenkenlos sagen.

Der Charakter des Ehemannes im Laufe der Jahre

Ich weiß noch, wie ungestüm du mit 20 warst. Alles, was du wolltest, hast du versucht durchzusetzen. Dein eiserner Wille half dabei, die meisten deiner Wünsche zu verwirklichen. So hast du beispielsweise heftig darum gekämpft, mich zu gewinnen. Das ist dir schließlich auch gelungen und ich muss sagen, ich bereue in keinster Weise, dass du deinen Willen durchgesetzt hast.

Als du dann 30 Jahre alt wurdest, warst du dir deiner selbst sicher. Du wusstest, wozu du fähig warst und was du von anderen erwarten konntest. Du meintest zudem immer genau zu wissen, was für dich und andere gut war. Ein wenig hatten wir – deine Kinder und ich – schon darunter zu leiden; schließlich hast du uns immer spüren lassen, dass du vieles besser weißt. Doch diese kleine Krise haben wir gemeistert, indem wir uns aussprachen.

Als du dich dann mit großen Schritten der „magischen“ 40 genähert hast, hat man auch das gemerkt. Du hattest immer rascher ein Urteil parat, wenn wir dich etwas gefragt haben. Ich hoffe, das steigert sich nun nicht dahingehend, dass du die Urteile anderer verurteilst. Aber das glaube ich nicht, denn mit den Jahren ist auch deine Toleranz immer mehr gewachsen. Mit 20 Jahren hast du andere Meinungen hinweggefegt, heute bist du doch ein bisschen vorsichtiger!

Lieber Ulrich, ich bin gespannt, ob und wie du dich mit der Zeit noch ändern wirst. Über das 50. Lebensjahr äußerte sich der weitsichtige Benjamin Franklin nämlich nicht mehr. Ich bin mir aber sicher, dass wir uns weiterhin so gut verstehen wie heute – schließlich habe auch ich mich mit den Jahren etwas geändert. Ohne Veränderung wäre das Leben ja auch langweilig. Auf dich, lieber Ulrich, und auf viele weitere schöne gemeinsame Geburtstage!

Trinkspruch auf den Ehemann

Rede des Mannes zum Geburtstag seiner Frau

Anlass	*40. Geburtstag der Ehefrau*
Dauer	*5 Minuten*
Stil	*heiter, liebevoll*

Liebe Katja,

eigentlich verrät man das Alter einer Frau ja nicht, aber da du es bereits auf den Einladungskarten allen mitgeteilt hast,

Anspielung darauf, dass viele Frauen ihr Alter nicht preisgeben

kann ich dir jetzt beruhigt ganz herzlich zu deinem 40. Geburtstag gratulieren. Dennoch will ich dir eines sagen: Wenn hier keiner dein Alter wüsste, würdest du mit Sicherheit auf höchstens Anfang 30 geschätzt. Und das ist kein Kompliment, das ich dir nur mache, weil ich dein Mann bin – das ist schlicht und ergreifend die Wahrheit.

Vergleich des eigenen Aussehens mit dem des Geburtstagskindes

Wie du es machst, immer jünger auszusehen, während ich immer älter wirke, weiß ich wirklich nicht. Manchmal vermute ich fast, du hast den Jungbrunnen entdeckt und verrätst mir dein Geheimnis nicht, damit ich neben dir immer mehr wie ein alter Esel wirke – schließlich werden meine Haare genau wie bei diesem Huftier grauer und grauer. Wenn wir beide irgendwo hinkommen, spüre ich mittlerweile die Blicke, die sagen: „Der alte Kerl hat vermutlich viel Geld. Wie sonst sollte er es geschafft haben, dass ihn eine so junge und hübsche Frau begleitet?"

Und da fragst du mich neulich doch tatsächlich, ob ich dich mit fast 40 immer noch attraktiv finde! Ich konnte es kaum glauben! Sollten dir tatsächlich all die neidischen Blicke entgangen sein, die mir wesentlich jüngere Männer zuwerfen, wenn wir beide gemeinsam ausgehen? Liebe Freunde, könnt ihr euch das vorstellen? Andererseits weiß ich, dass du, liebe Katja, noch nie besonders eitel warst oder dich im Licht fremder Blicke gesonnt hast! Du hast sie meist wirklich übersehen oder konntest nicht glauben, dass sie auf dich gerichtet sein sollten! Nicht, dass du kein ausgeprägtes Selbstvertrauen hast, du hast einfach nie viel Aufheben um dein Äußeres gemacht, sondern immer gesagt: „Ich bin, wie ich bin und wer mich so nicht akzeptiert, soll es bleiben lassen."

Kompliment des Mannes an seine Frau

Liebe Katja, lass es mich trotzdem einmal sagen: Für mich bist und bleibst du die schönste Frau der Welt, ganz egal, ob du nun 40 oder 50 Jahre alt bist! Liebe Freunde, erhebt nun mit mir die Gläser auf Katja und lasst sie hochleben!

Rede der Lebensgefährtin

Anlass	*40. Geburtstag des Lebensgefährten*
Dauer	*5 Minuten*
Stil	*feierlich*

Lieber Robert,

Vergleich des Geburtstagskindes mit einem Hürdenläufer

wer dich in den letzten Tagen beobachtet hat, dem drängte sich unweigerlich der Vergleich zwischen dir und einem Hürdenläufer auf. Der Hürdenläufer fürchtet sich, gleich das erste Hindernis zu reißen, doch in dem Moment, in dem das Rennen losgeht, weiß er, dass es ihm gelingen wird, alle Hürden zu nehmen. Vor deinem 40. Geburtstag hast du geklagt, dass du nun in das Alter kommst, in dem Männer normalerweise ihre Midlifecrisis erleiden, und jetzt ist der große Tag gekommen und du freust dich wie ein Schneekönig. Wahrscheinlich war das Herannahen dieses besonderen Tages deine ganz persönliche Hürde – schließlich steht vor der zweiten Zahl deines Alters ab heute eine vier statt einer drei.

Die Bedeutung des Wortes Midlifecrisis

Jetzt, an diesem Geburtstag, stellst du fest, dass sich nicht automatisch mit Erreichen des 40. Lebensjahrs die Midlifecrisis einstellt – ich frage mich sowieso, ob sie bei dir jemals eintreten wird. Du bist mit deinen 40 Jahren viel lebendiger, aktiver und abenteuerlustiger als es viele junge Menschen mit 20 sind. Du hast auch wirklich keinen Grund dich über deine körperliche Verfassung zu beklagen – wenn du dich auf dein Fahrrad schwingst, hängst du locker so manchen Jüngeren ab. Wo sind denn da Anzeichen für eine Midlifecrisis?

Außerdem ist das Wort Midlifecrisis, wenn man es sich einmal genauer betrachtet, gar nicht so negativ, wie man immer meint! Schließlich sagt es auch aus, dass du dich mit deinen 40 Jahren nun erst in der Mitte deines Lebens befindest – du hast die andere Hälfte also – zumindest wahrscheinlich – noch vor dir. Das sind doch positive Aussichten! Auch das Wort Krise beinhaltet, dass es sich um einen vorübergehenden, schwierigen Zustand handelt – jede Krise geht einmal vorüber! Ich gehe aber davon aus, dass sie bei dir noch nicht einmal eintreten wird!

Wünsche für die Zukunft

Lieber Robert, ich gratuliere dir daher aus vollem Herzen zu deinem 40. Geburtstag und wünsche dir, dass du so abenteuerlustig, vergnügt und lebensfroh bleibst, wie du bist!

Rede eines Freundes

Anlass	*40. Geburtstag eines Freundes*
Dauer	*5 Minuten*
Stil	*heiter*

Lieber Günter,

Überlegungen für ein Geschenk zum 40. Geburtstag

was schenkt man jemandem, der bereits alles hat, zum 40. Geburtstag? Darüber haben wir, deine Freunde, uns nahezu den Kopf zerbrochen, bis uns schließlich doch die Erleuchtung kam!

Tipps zum Erraten des Geschenks

Jetzt darfst du dreimal raten, was es ist! Ein paar Tipps wollen wir dir aber geben: Unser Geschenk sieht nicht besonders groß aus, aber es entfaltet sich an einem anderen Ort zu seiner wahren Größe. Es wirkt im ersten Moment nicht besonders musikalisch, doch steckt eine ganze Menge Musik darin. Auf den ersten Blick sieht es langweilig und nichtssagend aus, doch ich kann dir garantieren: Es verspricht viel Spaß und Vergnügen. Eigentlich ist es nicht nur ein Geschenk für dich, lieber Günter, sondern zugleich für deine Frau. Was mag das wohl sein?

Vielleicht hast du es mittlerweile bereits erraten: Es ist ein Gutschein für zwei Eintrittskarten für das Musical „Cats“ in Hamburg. Damit ihr nicht nach Hamburg fahren müsst, ohne etwas von der Alstermetropole gesehen zu haben, sind noch zwei Übernachtungen und selbstverständlich auch die Fahrt nach Hamburg in unserem Gutschein inbegriffen. Was ihr außer dem Musicalbesuch dort unternehmt, bleibt natürlich euch überlassen – für die Dauer des Aufenthalts haben wir keine Pläne für euch gemacht, weil ich weiß, dass du solch eine Verplanung deiner Zeit nicht schätzt, lieber Günter. Auch den Termin für die Fahrt kannst du dir selbst aussuchen – aus diesem Grund haben wir uns auch entschieden dir einen Gutschein für den Musicalbesuch zu schenken und nicht sofort zwei Karten für einen bestimmten Termin besorgt.

Glückwünsche an das Geburtstagskind

Doch bevor ihr losfahrt, wollen wir heute natürlich kräftig deinen 40. Geburtstag feiern – ganz ohne Gegenleistung erhält nun einmal auch der beste Freund kein Geschenk! Lieber Günter, wir, deine Freunde, wünschen dir einen unvergesslichen Geburtstag und ganz viel Freude in deinem neuen Lebensjahr, oder sollen wir vielleicht besser sagen: in deinem neuen Lebensjahrzehnt? Auf dich!

Reden zum 50. Geburtstag

Rede der Ehefrau

Anlass	*50. Geburtstag des Ehemannes*
Dauer	*5–7 Minuten*
Stil	*fröhlich, aber auch festlich*

Lieber Georg,

Zitat zum Alter des Geburtstagskindes

wie sagte der berühmte französische Dichter Victor Hugo so passend: „Vierzig Jahre sind das Alter der Jugend, fünfzig die Jugend des Alters." Also beginnst du im zweiten Abschnitt deines Lebens praktisch noch einmal von vorn – du kannst dir erneut Torheiten erlauben, wie du sie in frühester Jugend begangen hast, du kannst ungestraft wieder die verrücktesten Dinge tun. Schließlich befindest du dich am Beginn der Jugend des Alters und es ist ein Privileg der Jungen, sich anders zu verhalten als man es gemeinhin tut.

Denke nur nicht, dass ich dir einen Freibrief für alle möglichen Schandtaten ausschreibe. Das habe ich selbstverständlich nicht bezweckt. Ich wollte nur ausdrücken, dass du mit deinen 50 Jahren noch lange nicht zum alten Eisen gehörst und dass das Leben jetzt erst richtig anfängt, wenn man die richtige Einstellung zu diesem Lebensabschnitt gewinnt. Mit 50 Jahren verfügt man schließlich über eine gewisse Lebenserfahrung und sieht viele Dinge abgeklärter als noch einige Jahre zuvor. Auch an dir stelle ich mittlerweile eine gewisse Abgeklärtheit fest: Du bist ruhiger geworden und braust nicht mehr so leicht auf, wenn dir etwas nicht gefällt. In politischen

Diskussionen lässt du auf einmal die Meinung Andersdenkender gelten, die du früher einfach als Quatsch abgetan hast. Du musst dir und anderen auch nicht mehr ständig etwas beweisen.

Wie sich das Geburtstagskind verändert hat

Dennoch bist du – und da wären wir wieder am Ausgangspunkt meiner Rede – in vielen Dingen noch genauso verrückt wie früher, wenn nicht sogar noch verrückter. In vielen Situationen reagierst du um einiges spontaner. Du sagst, du hättest nun so viel erreicht; jetzt sei es an der Zeit, das Leben endlich einmal richtig zu genießen. Ich muss sagen, dass mir diese neuen Wesenszüge sehr an dir gefallen, zum einen, weil du nun natürlich auch mehr Zeit für mich hast, zum anderen, weil du nicht mehr so angespannt und gestresst wirkst. Es hat den Anschein, als tue dir das Älterwerden richtig gut!

Auch die Entscheidung heute ein Grillfest zu feiern, statt in einem stickigen Lokal zu sitzen, hättest du noch vor wenigen Jahren nicht getroffen. Es wäre dir unangenehm gewesen, deine Gäste nicht in einem Restaurant zu bewirten. Dabei ist so ein Gartenfest viel netter und vor allem ungezwungener. Jeder kann sich selbst mit allem versorgen, was er möchte – es gibt kein vorgeschriebenes Menü!

Vorfreude auf die nun anbrechende Zeit

Lieber Georg, ich gratuliere dir noch einmal aus tiefstem Herzen und freue mich jetzt schon auf die kommenden Jahre mit dir! Doch zunächst freue ich mich auf ein gelungenes Geburtstagsfest! Zum Wohl!

Rede des Ehemannes

Anlass	*50. Geburtstag der Ehefrau*
Dauer	*5–7 Minuten*
Stil	*heiter berichtend*

Liebe Ilka,

Ereignis am Tag der Geburt der Jubilarin

einerseits war der Tag heute vor 50 Jahren wegen deiner Geburt natürlich ein Freudentag, andererseits hätten die Bayern an diesem Tag fast die Staatstrauer angeordnet: Am 30. Mai vor 50 Jahren sprach nämlich die amerikanische Militärregierung in Bayern ein absolutes Bierbrauverbot aus. Ziel dieser Maßnahme war es, Getreide für die Herstellung von Grundnahrungsmitteln einzusparen – es war schließlich Nachkriegszeit. Als ob Bier für die Bayern kein Grundnahrungsmittel ist!

Weitere Ereignisse an den folgenden Geburtstagen

Dein Geburtstag, liebe Ilka, blieb über Jahre hinweg ein ereignisreicher Tag: Als du 15 Jahre alt wurdest, begann in Chile die siebte Fußballweltmeisterschaft, die von Brasilien gewonnen wurde. 3:1 siegten die Brasilianer 1962 gegen die Tschechoslowakei – ach, waren das herrliche Zeiten. Als du 16 Jahre alt wurdest, stellte man die Europabrücke bei Innsbruck fertig, eine der vom Baustil her gewagtesten Brücken weltweit.

Drei Jahre später beendete die sowjetische Raumsonde „Luna 10“ ihre Mission. Sie hatte 460-mal den Mond umkreist, und das drei Jahre vor der ersten Mondlandung durch die Amerikaner.

Doch damit nicht genug, liebe Ilka: An deinem 20. Geburtstag wurde im Osten Nigerias die Unabhängigkeit dieses Landesteils ausgerufen, und zwar unter dem Namen Biafra. Leider war dies kein so freudiges Ereignis, wie man meinen dürfte: Es kam zu einem blutigen Bürgerkrieg, der schließlich auch in eine Hungersnot in Biafra mündete.

An deinem Geburtstag 1984 gewann der FC Liverpool im Finale um den Fußball-Europapokal der Landesmeister den Europacup gegen den AS Rom – ein Ereignis, das dich sicherlich weniger, mich dafür umso mehr interessiert hat. Neun Jahre später wird an deinem 46. Geburtstag in einem britischen Hangar die größte Decke der Welt ausgebreitet, die von 50 Frauen und Männern gehäkelt und gestrickt wurde. Im

Jahr darauf geschah etwas, mit dem du sicherlich nicht einverstanden warst: Papst Johannes Paul II. sprach sich ausgerechnet an deinem Geburtstag erneut gegen die Priesterweihe von Frauen aus.

Glückwünsche und Überreichen des Blumenstraußes

Natürlich war das nur eine kleine Auswahl dessen, was an einigen deiner Geburtstage in der Welt geschah. Wenn ich alle Ereignisse aufzählen würde, müsstet ihr mir noch stundenlang zuhören. Ich glaube aber, daran ist keiner von euch interessiert. Das allerwichtigste Ereignis eines 30. Mai ist und bleibt für mich jedoch deine Geburt, liebe Ilka! Deshalb überreiche ich dir als klitzekleines Dankeschön dafür, dass du da bist, diesen Strauß Rosen und wünsche dir alles, alles Liebe zu deinem Geburtstag!

Ein Sohn spricht zum Geburtstag seiner Mutter

Anlass	*50. Geburtstag der Mutter*
Dauer	*5–7 Minuten*
Stil	*feierlich*

Liebe Mutter,

Zitat über die Beziehung zwischen Kindern und Eltern

zu deinem 50. Geburtstag möchte ich als dein Sohn ein paar Worte sagen. Bei vielen Kindern bewahrheitet sich ein Ausspruch des berühmten englischen Schriftstellers Oscar Wilde: „Zuerst lieben die Kinder ihre Eltern. Nach einer gewissen Zeit fällen sie ihr Urteil über sie. Und selten, wenn überhaupt je, verzeihen sie ihnen.“ Auf mich und meine Schwester trifft dieses Bonmot jedoch nicht zu. Wir lieben dich nach wie vor uneingeschränkt!

Widerlegung des Zitats

Du hast uns aber auch immer Mut gemacht und uns bei allem, was wir tun wollten, unterstützt. Dein Wahlspruch, den du auch uns Kindern mit auf den Weg gegeben hast, lautet: „Habe Mut zum Träumen und Kraft zum Kämpfen." Nach dieser Devise hast du bis heute stets gehandelt. Ich kenne wenige Menschen, die so viele Kräfte mobilisieren können, wenn sie versuchen sich ihre Träume zu erfüllen. Stets hast du uns gezeigt, dass du trotz vieler herber Rückschläge in deinem Leben nicht bereit bist aufzugeben, wenn dir etwas am Herzen liegt. Dadurch warst du mir immer ein Vorbild, dem ich versucht habe nachzueifern, auf meine Weise. Um für meine Ideale und Ansichten zu kämpfen, habe ich sicherlich andere Wege eingeschlagen, als du es getan hättest, doch deine Worte sind mir immer im Ohr geblieben.

Aber du hast uns nicht nur Kraft und Stärke vermittelt, du hast uns auch gezeigt, dass sich starke Menschen hin und wieder schwach zeigen dürfen. Schließlich war dein Leben nicht immer leicht. Als Vater vor einigen Jahren so krank war, hast du ihn zwar so gut wie möglich unterstützt und ihm Mut und Kraft zum Durchhalten gegeben, doch bei deinen Freunden konntest du dich zwischenzeitlich auch einmal fallen lassen und es annehmen, dass sie dich trösteten. Ich bin sicher, dass du aus diesem Zusammenspiel von Stärke und Schwäche die Kraft geschöpft hast, die du benötigtest.

Auch vor deinem 50. Geburtstag hattest du – im Gegensatz zu vielen anderen Menschen – keine Angst. Du hast dich sogar auf diesen Tag gefreut, weil du, wie du sagtest, bislang mit jedem Lebensjahr Erfahrung, Gelassenheit und innere Ruhe hinzugewonnen hast. Auch diese Einstellung bewundere ich und hoffe, dass ich später ähnlich reagieren werde.

Wünsche für das neue Lebensjahr

Liebe Mutter, zu deinem Geburtstag wünsche ich dir all das, was du dir wünschst, und hoffe, dass du alles schaffst, was du dir für dein neues Lebensjahr vorgenommen hast. Allerdings bin ich mir sowieso so gut wie sicher, dass dir dies gelingen wird!

Eine Schwester spricht zum Geburtstag ihres Bruders

Anlass *50. Geburtstag des Bruders*
Dauer *5 Minuten*
Stil *heiter*

Lieber Michael,

Heitere Begründung für die Rede

ja, du hast Recht, deine ältere Schwester muss heute zu deinem 50. Geburtstag natürlich auch wieder einmal ihren Senf dazugeben. Du kennst mich ja zur Genüge und weißt, dass ich an solch einem Tag einfach nicht anders kann! Doch nun erst einmal einen ganz herzlichen Glückwunsch zum überstandenen halben Jahrhundert!

Aufzählen der „Vorteile" des neuen Lebensalters

Kleiner Bruder, nun hast du ebenfalls die Hürde zum sechsten Lebensjahrzehnt genommen. Es ist schon ein bisschen merkwürdig, wenn der jüngere Bruder auf einmal auch 50 Jahre alt wird – irgendwie macht einen das noch älter als man bereits ist. Aber auch du, lieber Michael, hattest nicht die angenehmsten Gefühle, wenn du an den heutigen Tag gedacht hast. Schließlich ist es für einen selbst schon ein Unterschied, ob man 49 oder 50 Jahre alt ist. Auch wenn du immer noch nicht auf deine ältere Schwester hören willst, lass dir von mir sagen: So schlimm ist es nun auch wieder nicht. Es hat sogar seine positiven Seiten: Wenn du mit öffentlichen Verkehrsmitteln fährst, wird dir schon einmal ein Sitzplatz angeboten, dein Arzt spricht dich mit deinem Namen an, bevor er überhaupt einen Blick in deine Karteikarte geworfen hat und junge Leute werden dich vielleicht fragen, ob sie dir beim Überqueren der Straße helfen sollen. Das sind doch ganz nette Aussichten, oder?

Nun aber Spaß beiseite: Es kommt immer darauf an, was man selbst aus einem neuen Lebensabschnitt macht. Wenn du dich nun vergräbst und deiner Jugend hinterhertrauerst, wirst du sicherlich Probleme haben dein Alter zu akzeptieren. Wenn du dir aber vornimmst das Beste daraus zu machen, wird es dir sicher gelingen.

Zusicherung der Unterstützung beim - Äterwerden

Lieber Michael, ich bin mir sicher, dass du dein neues Lebensjahrzehnt genauso erfolgreich gestalten wirst wie die Jahre zuvor. Genauso sicher bin ich mir, dass du diese Zeit sehr genießen wirst, denn du musst dir nun nichts mehr beweisen – du hast schließlich schon so viel erreicht! Falls doch Probleme auftreten sollten, weißt du, dass du dich vertrauensvoll an mich wenden kannst. Schließlich habe ich die ersten drei Jahre nach meinem 50. Geburtstag – wie ich meine – ganz gut überstanden.

Rede eines Schwiegersohnes

Anlass	*50. Geburtstag der Schwiegermutter*
Dauer	*5 Minuten*
Stil	*feierlich, lobend*

Liebe Hella,

Warum der Schwiegersohn die Rede hält und nicht die Tochter

vielleicht fragst du dich, warum ich das Wort ergreife und nicht deine Tochter. Ganz einfach: Ich habe Ina darum gebeten, dass ich zu deinem 50. Geburtstag ein paar Worte sagen darf. Es wird ja immer so viel von bösen Schwiegermüttern geredet und ich möchte diese Gerüchte endlich einmal aus dem Weg räumen. Ich kann mir nämlich keine bessere Schwiegermutter vorstellen als dich. Dein 50. Geburtstag gibt mir nun die Gelegenheit, das auch allen anderen mitzuteilen.

Charakterisierung der Schwiegermutter

Als mich Ina euch vor einigen Jahren vorstellte, hast du mich sofort mit offenen Armen in eure Familie aufgenommen. Du hast nicht danach gefragt, was ich mache, und keine Zweifel angemeldet, ob ich eure Tochter auch verdiene, im Gegenteil: Da gab es keine Berührungsängste, keine Furcht, eure Tochter könnte die falsche Entscheidung getroffen haben. Auch als feststand, dass wir beide heiraten würden, hast du – genau wie dein Mann – uns einfach in die Arme genommen und gratuliert. Ich glaube, einen angenehmeren Empfang kann man seinem Schwiegersohn nicht bereiten.

Mittlerweile bist du für mich nicht mehr nur Schwiegermutter, du gehörst zu meinen besten Freunden. Du hast Ina und mir schon so oft aus der Patsche geholfen und sogar vermittelt, wenn wir zwischendurch einmal Krach hatten. Dabei hast du dich nicht von vornherein auf Inas Seite gestellt, wie es viele Schwiegermütter wohl getan hätten. Du hast dir immer die Argumente beider Seiten angehört und auch deine Tochter ein paar Mal zurechtgestutzt.

Auch bist du immer zur Stelle, wenn wir dich brauchen – ich hoffe, du bekommst nicht das Gefühl, dass wir es ausnutzen. Das ist wirklich nicht unsere Absicht. In jedem Fall bist du die beste Schwiegermutter von allen und an deinem 50. Geburtstag ist es, so finde ich, endlich an der Zeit das auch allen anderen Anwesenden mitzuteilen. Ina und ich, wir wünschen dir jedenfalls alles, alles Gute und wollen heute kräftig mit dir feiern. Auf dich, liebe Hella!

Glückwünsche an das Geburtstagskind

Rede eines langjährigen Freundes

Anlass	*50. Geburtstag eines Freundes*
Dauer	*5 Minuten*
Stil	*feierlich*

Lieber Ingo,

Hervorheben des besonderen Tages

heute ist er da: der Tag, von dem wir in der letzten Zeit so viel gesprochen haben, der Tag, an dem du 50 Jahre alt wirst. Einerseits ist das natürlich ein Grund dir zu gratulieren, andererseits weiß ich, dass du doch ein wenig wehmütig auf die fünf vor der Null schaust.

Gedanken zu einem Liedtext über den 50. Geburtstag

Wie sang Reinhard Mey doch so treffend: „50! Was jetzt schon? Nun, auch ein großer Optimist weiß, dass dies nicht die Halbzeit ist. So schnell ging das, denk ich verwundert.“ Ich weiß aus unseren Gesprächen, dass es dir ähnlich geht wie dem Liedermacher – dass du ebenfalls das Gefühl hast, dein bisheriges Leben sei viel zu schnell vorbei gegangen. Doch wenn du einmal richtig darüber nachdenkst, ist das eigentlich ein gutes Zeichen. Es zeigt dir, dass du bislang ein sehr erfülltes, reiches Leben geführt hast. Wenn ich dich so ansehe, weiß ich, dass du genauso denkst, denn traurig wirkst du heute, an deinem Geburtstag, nicht. Keine Minute deines Lebens möchtest du missen, hast du mir erzählt. Warum sollte es also nicht so weitergehen? Schließlich blitzt noch immer der Schalk in deinen Augen und noch immer bist du zu sportlichen Leistungen fähig, die ich selbst in jüngeren Jahren nicht vollbracht hätte. Außerdem ist da noch deine Familie: deine wunderbare Frau und die beiden Kinder, die dich auf Trab halten.

Bleib also so wie du bist, nämlich optimistisch, und halte es wie Reinhard Mey, der in seinem Lied singt: „Doch ob man alt ist oder nicht, steht nicht auf Hintern und Gesicht und deren Falten mit den Jahren.“ Nein, Alter ist keine Frage des Geburtsjahres, sondern der Lebenseinstellung. Und ich bin mir sicher, dass du zwar auf dem Papier gealtert bist, dir jedoch deinen Idealismus und damit auch deine Jugendlichkeit bewahrt hast.

Gratulation

Lieber Ingo, ich gratuliere dir von ganzem Herzen zu deinem Ehrentag und hoffe, dass wir noch viele gemeinsame Schandtaten vollbringen werden.

Rede eines Vereinskameraden

Anlass	*50. Geburtstag eines Vereinskameraden*
Dauer	*5 Minuten*
Stil	*heiter*

Lieber Karl,

Gratulation der Sportsfreunde

heute, an deinem 50. Geburtstag, soll ich hier stellvertretend für alle deine Sportsfreunde eine Rede halten. Wir gratulieren dir alle von ganzem Herzen und hoffen, dass du unserem Fußballklub noch lange erhalten bleibst.

Vergleich des Lebens mit einem Fußballspiel

Lieber Karl, wusstest du eigentlich, dass sich das Leben ohne weiteres mit einem Fußballspiel vergleichen lässt? Was beim Fußball der Anstoß, ist im Leben, wie du dir denken kannst, die Geburt. So wie die Fußballer auf den Spielbeginn hinfiebern, warten auch die meisten Eltern ungeduldig auf das Eintreffen des neuen Erdenbürgers.

Danach geht das Spiel dann richtig los: Beim Fußball versucht jede Mannschaft mit aller Macht in den gegnerischen Strafraum zu gelangen und ein Tor zu schießen. Auch im Leben versuchen die meisten Menschen auf der Gewinnerseite zu stehen und ihre kleinen Erfolge – ihre Tore – zu erzielen. Dabei sind Fouls im Spiel wie im Leben nicht gerade selten. Finden sie im Strafraum statt, kann es sein, dass der Schiedsrichter einen Elfmeter verhängt. Im Leben sind das unsere täglichen kleinen Niederlagen. Manchmal erhält eine Mannschaft jedoch unberechtigt einen Strafstoß und auch das Leben ist leider nicht immer gerecht.

An manchen Tagen muß man auf dem Fußballfeld wie im Leben gar eine bittere Niederlage einstecken. Im Leben ist das ebenso. Doch gibt es auch die Tage, an denen man glorreiche

Siege erringt, die in die Vereinsgeschichte eingehen werden. Genau so ein Tag ist heute: 50 Lebensjahre sind schließlich kein Pappenstiel und ein Grund ganz gehörig zu feiern. Du kannst mir glauben, dass wir deinen Geburtstag heute so feiern werden, als hätte unsere Mannschaft einen haushohen Sieg über einen der schlimmsten Rivalen errungen!

Hoffnung auf Treue zum Verein

Lieber Karl, wir wünschen dir, dass auch die nächsten 50 Jahre so erfolgreich sind wie die ersten, und hoffen, dass du unserem Fußballklub noch lange Zeit treu bleiben wirst.

Reden zum 60. Geburtstag

Rede des Ehemannes

Anlass	*60. Geburtstag der Ehefrau*
Dauer	*5 Minuten*
Stil	*feierlich*

Liebe Margret,

Zitat aus einem Lied

erinnerst du dich noch an das Lied, das der Schauspieler Curd Jürgens gesungen hat? Es hieß „60 Jahre und kein bisschen weise". So positiv, wie Curd Jürgens diese Textzeile verstanden haben wollte, trifft sie auch auf dich zu.

Charakterisierung des Geburtstagskindes

Dein Kopf steckt noch immer voller Träume und Ideen. Du bist noch lange nicht so abgeklärt, dass du dich einfach zurücklehnen und beobachten kannst, was um dich herum passiert – nein, du musst aktiv an allem teilhaben. Du lässt dich – mehr als früher – von nichts und niemandem bremsen, wenn du dir etwas in den Kopf gesetzt hast. Das ist nicht immer ganz einfach für die Menschen in deiner Umgebung. Glaub mir, ich spreche da aus Erfahrung.

Etwas geduldiger bist du jedoch mit deinen Mitmenschen geworden. Anders als in früheren Jahren, braust du nicht mehr so sehr auf, wenn dir jemand gedanklich nicht so schnell folgen kann, wie du es dir wünschst. Du hast akzeptiert, dass nicht alle Menschen ein so rasches Auffassungsvermögen haben wie du.

Um noch einmal auf das Lied von Curd Jürgens zurückzukommen: In einer weiteren Textzeile heißt es: „60 Jahre und kein bisschen leise." Ein wenig habe ich das Gefühl, dass dieses Lied wohl für dich geschrieben worden sein muss. Dich kann man nämlich nicht überhören, wo auch immer du dich befindest. Du hältst mit deiner Meinung nicht hinter dem Berg und setzt sie lautstark durch, wenn es sein muss. Meiner Ansicht nach bist du auch meistens im Recht und setzt dich in der Regel nicht für deine eigenen Belange, sondern für die Rechte Schwächerer so vehement ein.

Zusicherung der Zuneigung

Liebe Margret, auch wenn unser Zusammenleben nicht immer ganz leicht war, möchte ich doch mit keinem anderen Mann tauschen. Du versprühst mit deinen 60 Jahren noch immer eine solche Portion Vitalität, Witz und Esprit, dass sich Jüngere daran ein Beispiel nehmen könnten! Bleib auch in diesem neuen Lebensabschnitt so wie du bist und wie wir dich lieben.

Rede eines Sohnes

Anlass	*60. Geburtstag des Vaters*
Dauer	*5 Minuten*
Stil	*feierlich, fröhlich*

Lieber Vater,

Zitat zum Altern

du hast, so hat es den Anschein, ein Zitat des französischen Schriftstellers André Maurois zu deinem Wahlspruch gemacht: „Altern ist eine schlechte Gewohnheit, die ein beschäftigter Mann gar nicht erst aufkommen lässt." Obwohl oder weil du nun zu deinem 60. Geburtstag in Frührente gehst, hast du bereits zahlreiche Pläne für deine Zukunft gemacht.

Du hast dir als Erstes vorgenommen deinen kleinen Enkeln mehr Zeit zu widmen. Mit ihnen willst du möglichst viel unternehmen, bevor sie zur Schule gehen und nur noch wenig

Zeit für andere Aktivitäten bleibt. Dann haben du und Mutter geplant endlich einmal einen Tanzkurs zu belegen – ein Vorhaben, das euch schon seit Jahren im Kopf herumspukt. Du möchtest dich zudem mehr als bisher um deine Hobbys kümmern, unter anderem willst du häufiger zum Angeln gehen.

Pläne des Geburtstagskindes für die Zukunft

Was mich jedoch am meisten beeindruckt hat: Mutter und du, ihr wollt euch jetzt einen Traum erfüllen, von dem ihr bereits seit Jahren schwärmt. Ihr zwei wollt noch den Segelschein machen und zusammen mit Freunden auf große Fahrt gehen. Ihr scheut nicht davor zurück, dass ihr noch einmal die Schulbank drücken müsst. Da kann ich nur sagen: Hut ab!

Der Sohn präsentiert das Geburtstagsgeschenk

Einen anderen großen Traum wollen wir, meine Frau und ich, für euch Wirklichkeit werden lassen: Unser Geburtstagsgeschenk für dich, Vater, ist eigentlich ein Geschenk für euch beide, für Mutter und dich. In ein paar Wochen fliegt ihr zusammen an die Westküste der USA und macht zusammen eine Rundreise durch die größten Städte und die schönsten Naturschutzgebiete. Natürlich darf eine Nacht im Spielerparadies Las Vegas ebenso wenig fehlen, wie ein Besuch im Grand Canyon. Auf dem Rückweg macht ihr zwei dann noch einen zweitägigen Zwischenstopp in New York, um einen Eindruck von der Stadt zu bekommen, die man so häufig im Fernsehen sieht. Schließlich möchten auch wir nicht, dass du nur deshalb alterst, weil du nicht beschäftigt bist, lieber Vater. Wir wünschen dir noch einmal alles, alles Gute zum Geburtstag und dass du so jung bleibst, wie du dich fühlst.

Rede einer Freundin

Anlass	*60. Geburtstag einer Freundin*
Dauer	*5 Minuten*
Stil	*rückblickend*

Liebe Hannah,

Vorbereitung der Gäste auf die Rede

der 60. Geburtstag ist ein Tag, an dem man sich zurücklehnen und auf das zurückblicken kann, was man erreicht hat. Gemeinsam mit dir und deinen Gästen will ich, als deine langjährige Freundin, einen kurzen Rückblick auf dein bisheriges Leben werfen.

Vor 60 Jahren wurdest du in einer schlimmen Zeit, der Zeit des Nationalsozialismus, geboren. Du warst das zweite Kind und wurdest von deinen Eltern freudig erwartet – schließlich wusste keiner, dass der Zweite Weltkrieg ins Haus stand. Als der Krieg begann, wurde dein Vater an die Front berufen. Er sollte nie wieder zu euch zurückkehren und deine Mutter musste sich mit zwei kleinen Kindern ganz allein durchschlagen. Das gelang ihr recht gut, zumal du und dein Bruder sie so weit wie möglich unterstütztet. In den 50er Jahren, zur Zeit des Rock'n'Roll hast du deine Teenagerzeit erlebt – damals nannte man euch noch Backfische. Auf einer Tanzveranstaltung lerntest du dann Fred kennen, den du kurze Zeit darauf geheiratet hast.

Rückblick auf das, was das Geburtstagskind bisher im Leben erreicht hat

Zwar dachte man damals noch, dass ein Mädchen gut versorgt ist, wenn es erst einmal den richtigen Mann geheiratet hat, doch du wolltest dich nicht völlig abhängig von einem Ehemann machen, sei er auch noch so liebenswert. Du hast also deine Ausbildung zur Sekretärin abgeschlossen und in deinem Beruf gearbeitet bis das erste Kind zur Welt kam. Zwei Jahre später folgte das zweite Kind. Doch als die beiden in die Schule kamen, tatest du etwas zur damaligen Zeit geradezu Revolutionäres: Du hast ein Schreibbüro gegründet, um von zu Hause aus die Schreibarbeiten für verschiedene Firmen zu erledigen. Als dein Geschäft zu florieren begann, lernten wir uns kennen, denn du suchtest eine Geschäftspartnerin, die dich bei deiner Arbeit unterstützt. Das war ich. Wir zwei hatten eine wirklich aufregende Zeit. Wir wurden mit immer mehr Schreibarbeiten eingedeckt und arbeiteten in eurem

Haus, weil du deine Kinder gut versorgt wissen wolltest, wenn sie aus der Schule kamen.

So zogen die Jahre ins Land – zum Glück ohne größere Schicksalsschläge – und noch heute führen wir gemeinsam das Schreibbüro. Allerdings haben wir jetzt eine Reihe von Angestellten. Ich bin froh, dass ich dich damals kennen gelernt habe und dass du so mutig warst dich auf eigene Füße zu stellen. Noch mehr freue ich mich jedoch darüber, dass unsere Freundschaft bis heute gehalten hat und wir noch immer viel Spaß zusammen haben!

Ausblick in die Zukunft

Liebe Hannah, du kannst wirklich mit Stolz zurückblicken. Doch darüber hinaus kannst du auch mit Freude in die Zukunft blicken, denn auch dein Mann und deine Kinder sind stolz auf dich! Zum Wohl, meine liebe Freundin!

Reden zu hohen Geburtstagen (70 bis 100 Jahre)

Rede einer Tochter

Anlass	*Geburtstag des Vaters*
Dauer	*5 Minuten*
Stil	*feierlich*

Lieber Papa,

Die Anrede des Vaters

auch wenn ich nicht mehr die Jüngste bin, darf ich dich zu deinem Geburtstag doch noch so anreden, oder? Ein „lieber Vater“ käme mir nur schwer über die Lippen, denn so habe ich dich niemals genannt.

Das ist heute – wie wir wissen – ein ganz besonderer Tag und ganz besondere Tage erfordern besondere Maßnahmen. So halte ich beispielsweise zum ersten Mal zu einem solchen Anlass eine Rede. Du hast es aber auch wirklich verdient, geehrt zu werden.

Wie man es schafft, im Alter jung zu bleiben

Der deutsche Aphoristiker Werner Mitsch sagte einmal: „Es kommt nicht darauf an, wie alt man wird, sondern wie man alt wird.“ Du, Vater, bist zwar älter geworden, hast aber immer das Sprichwort beherzigt: „Man ist so alt, wie man sich fühlt.“ Und da du dich immer wesentlich jünger gefühlt hast, als du dem Papier nach warst, bist du auch beim Älterwerden jung geblieben. Selbst heute noch bist du geistig um vieles beweglicher als viele Jüngere und natürlich als die meisten anderen deines Alters. Du hast manchmal so moderne Ansichten, dass sogar meine Kinder verblüfft sind – und das will etwas heißen, denn die Jugend fühlt sich ja immer als Vorreiter des Fortschritts. Doch von deinen Ideen werden sie manchmal richtiggehend überrumpelt.

Ein wenig schade ist allerdings, dass dein Körper manchmal nicht mehr so will wie dein Geist. Doch auch damit hast du dich abgefunden: Du trittst einfach ein wenig kürzer und lässt alles ein bisschen langsamer angehen. Auf andere angewiesen bist du noch lange nicht; darauf bist du stolz und das soll auch so bleiben. Du kannst dich darauf verlassen, dass wir alles tun werden, damit du so lange wie möglich unabhängig für dich leben kannst.

Gratulation

So, lieber Papa, jetzt habe ich genug geredet. Auch andere wollen sicher ein paar Worte zu deinem Geburtstag sagen. Ich wünsche dir alles, alles Gute und viele weitere, glückliche Lebensjahre. Du weißt, dass du immer auf uns zählen kannst!

Rede eines Enkels

Anlass	*Geburtstag der Großmutter*
Dauer	*5 Minuten*
Stil	*heiter, aber auch feierlich*

Liebe Oma,

Grund für die Rede des Enkels

zu deinem 80. Geburtstag wollte ich eigentlich ein Lied einstudieren, doch das habe ich dann lieber dem Gesangsverein überlassen. Schließlich sollst du an deinem Geburtstag nur schöne Erlebnisse haben. Ich habe mich dann dafür entschieden, eine Rede zu halten, denn in einer Rede ist es lange nicht so schwer, den richtigen Ton zu treffen.

Liebe Oma, ich bin dir für alles, was du für mich getan hast, sehr dankbar. Das war ja eine ganze Menge. Als ich noch ein

Rückblick auf das, was die Großmutter für den Enkel getan hat

Baby war, hast du immerhin fast zwei Jahre lang auf mich aufgepasst. Schließlich mussten Mutter und Vater beide arbeiten, um das Haus, das sie gebaut hatten, auch abzahlen zu können. Damals war es noch nicht so einfach wie heute, jemanden zu finden, der auf ein so kleines Kind, wie ich es war, Acht gibt. Außerdem hätten sich meine Eltern das wohl auch nur schwerlich leisten können. So waren alle froh, dass du dich angeboten hast mich tagsüber zu dir zu nehmen.

Ich kann mich an vieles nicht mehr erinnern, aber ich weiß noch genau, wie gern ich in deinem großen Garten umhergetobt bin, als ich laufen konnte. Du hast nebenher deine Gartenarbeit gemacht und mir die Pflanzen und Tiere gezeigt, die es in deinem Reich gab. Damit hast du wahrscheinlich den Grundstein für meinen heutigen Beruf gelegt. Deine Liebe zur Natur hat sich auf mich übertragen, so dass bereits in früher Kindheit der Wunsch in mir heranreifte Biologe zu werden. Ich verdanke es dir ebenfalls, dass ich dieses Ziel erreicht habe, denn ohne deine Überzeugungskraft hätten mich meine Eltern wohl nie Biologie studieren lassen – schließlich galt das damals nicht als Beruf, mit dem man Geld verdienen kann.

Ich weiß, dass du es nicht immer leicht mit mir hattest und doch hast du hast alle Schwierigkeiten mit Bravour gemeistert. Noch heute komme ich gerne zu dir und wenn wir beide zusammen in deinem Garten sitzen, erzählst du mir von früher. Diese Stunden genieße ich immer sehr.

Wünsche für die Zukunft

Liebe Oma, ich hoffe, wir werden noch viele Stunden gemeinsam in der Natur verbringen können. Ich wünsche dir daher zu deinem Geburtstag vor allem, dass du auch weiterhin so gesund bleibst wie bisher. Auf dich!

Rede eines Gemeindevertreters

Anlass *Geburtstag eines Gemeindemitglieds*
Dauer *5 Minuten*
Stil *feierlich*

Sehr geehrter Herr Ernst,

Gratulation im Namen der Gemeinde

es ist eine schöne und ehrenvolle Aufgabe für mich, Ihnen zu Ihrem 85. Geburtstag zu gratulieren. Schließlich wird in unserer Gemeinde nicht alle Tage solch ein hoher Geburtstag begangen.

Ehrung des Geburtstagskindes

Wie ich sehe, sind die Gäste zahlreich – kein Wunder, Sie werden von allen in unserem kleinen Ort sehr geschätzt. Der Gesangsverein hat bereits ein Geburtstagsständchen gehalten und die Blumensträuße häufen sich bereits in Ihrer Wohnung. Es werden sicherlich auch noch einige Vertreter des Sportvereins bei Ihnen vorbeischauen; bis vor kurzem waren Sie ja noch sehr aktiv in der Wanderabteilung tätig.

Sie haben sich auch stets für die Jugend in unserem Ort eingesetzt. Ihr Motto war immer, dass man etwas für die Jungen tun muss, damit sie sich hier wohl fühlen. Sie waren maßgeblich am Aufbau einer Grillhütte beteiligt und haben zudem dafür gesorgt, dass die Jugend diesen Raum am Wochenende auch für Musikveranstaltungen nutzen darf, was zunächst vielen Gemeindemitgliedern missfiel, heute jedoch zu einer festen Institution geworden ist. Daher ist es nicht erstaunlich, dass ich heute auch so viele jüngere Gesichter hier sehe – Sie sind in Ihrem Herzen ja auch stets jung geblieben.

Als kleines Dankeschön möchte ich Ihnen heute von der Gemeinde diese Flasche Wein überreichen. Ich weiß, dass dies nur eine kleine Anerkennung für all das sein kann, was Sie für

Überreichung eines Geschenks

unseren Ort getan haben, dennoch hoffe ich, dass sie Ihnen wohl tun wird. Man sagt ja, ein Gläschen Rotwein am Tag verlängere das Leben, und ich hoffe, dass Sie unserer Gemeinde noch lange bei bester Gesundheit erhalten bleiben! Vielen Dank für alles, was Sie getan haben, Herr Ernst, ich wünsche Ihnen noch eine schöne Feier!

Offizielle Geburtstagsreden

Rede des Chefs zum Geburtstag eines Mitarbeiters

Anlass *Geburtstag eines Mitarbeiters*
Dauer *5 Minuten*
Stil *feierlich*

Sehr geehrter Herr Fleck,

Gratulation

zu Ihrem 40. Geburtstag möchte auch ich ganz herzlich gratulieren und Ihnen zudem meine Anerkennung für Ihre Leistungen in unserer Firma aussprechen. Schließlich gehören Sie zu unseren verdientesten Mitarbeitern.

Verdienste des Mitarbeiters für die Firma

Seit zwanzig Jahren sind Sie bereits in unserem Unternehmen tätig – das ist, hochgerechnet auf ihr jetziges Alter, bereits die Hälfte Ihres Lebens. Ich muss schon sagen, das ist eine Leistung, die in der heutigen Zeit ihresgleichen sucht. Doch es sind nicht nur die langen Jahre, die Sie in unserem Betrieb verbracht haben, es sind vor allem Ihre herausragenden Leistungen, die Sie zu einem unserer bewährtesten Mitarbeiter machen.

Ihre Arbeit erledigen Sie stets verantwortungsvoll, bei Ihren Kollegen und Untergebenen sind Sie gleichermaßen beliebt. Sie handeln immer überlegt und sind auch bereit Fehler einzugestehen, was man bei jemandem in Ihrer Position nicht allzu häufig erlebt. Sie versuchen nie die Verantwortung auf andere abzuwälzen, wenn in Ihrer Abteilung einmal nicht alles nach Plan läuft, sondern stellen sich schützend vor Ihre Mitarbeiter. Kein Wunder, dass in Ihrer Abteilung Teamgeist und Arbeitszufriedenheit groß geschrieben werden.

Auch Ihre Verhandlungspartner loben Sie in den höchsten Tönen. Sie gelten zwar als jemand, der in Verhandlungen sehr wohl versucht die bestmöglichen Abschlüsse für unsere Firma herauszuholen, doch dabei haben Sie den Ruf fair zu sein und andere nicht zu übervorteilen. Sie haben damit einiges dafür getan, den guten Ruf unseres Unternehmens weiter zu verbessern und unsere Umsätze zu steigern.

Ausdruck der Hoffnung, dass der Mitarbeiter der Firma erhalten bleibt

Dass Sie zudem äußerst pflichtbewusst sind, Herr Fleck, zeigt sich unter anderem daran, dass Sie selbst an Ihrem 40. Geburtstag in der Firma erscheinen. Sehr geehrter Herr Fleck, ich hoffe, Sie bleiben unserem Unternehmen noch lange erhalten und wandern nicht plötzlich zur Konkurrenz ab! Ganz herzlichen Glückwunsch noch einmal zu Ihrem Ehrentag!

Gratulation der Mitarbeiter zum Geburtstag der Chefin

Anlass	*Geburtstag der Chefin*
Dauer	*5 Minuten*
Stil	*feierlich*

Sehr geehrte Frau Roth,

Gratulation zum Geburtstag

im Namen aller Kolleginnen und Kollegen gratuliere ich Ihnen herzlich zum Geburtstag. Wir möchten Ihnen auch ein kleines Geschenk überreichen.

In diesem Jahr haben wir uns allerdings gegen den sonst so obligatorischen Blumenstrauß entschieden – ich hoffe, Ihnen gefällt das Geschenk, das wir stattdessen gemeinsam für Sie ausgesucht haben.

Überreichen des Geschenks

Wir wissen ja, dass Sie sich sehr für Kunst interessieren. In Ihrem Büro hängen sowohl Drucke als auch Originale zeitgenössischer Künstler. Aus diesem Grund haben wir uns an den Galeristen gewandt, mit dem Sie in Kontakt stehen. Er hat uns Tipps für ein Geschenk gegeben. Zuerst haben wir überlegt, ob wir Ihnen ein Original eines unbekannteren jungen Künstlers schenken, doch dann haben wir uns schließlich für einen limitierten Kunstdruck von Dalí entschieden, da Ihr Galerist uns anvertraute, dass Sie den Surrealisten sehr mögen.

Übergabe eines kleinen zusätzlichen Präsents

Das, was ich zu Beginn meiner Rede über den obligatorischen Blumenstrauß gesagt habe, war letztlich doch nicht so ernst gemeint – ein paar Blümchen haben wir natürlich doch noch auftreiben können. Liebe Frau Roth, wir wünschen Ihnen nochmals alles Gute zu Ihrem Geburtstag und freuen uns, wenn unser Präsent bei Ihnen Anklang findet!

Die Kollegen gratulieren einem Kollegen

Anlass	*Geburtstag eines Kollegen*
Dauer	*5 Minuten*
Stil	*heiter*

Lieber Carlo,

Vorfreude auf eine Geburtstagsfeier

schön, dass du an deinem Geburtstag zur Arbeit gekommen bist. Solche Geburtstagsfeiern lockern den Arbeitsalltag doch immer wieder auf. Zunächst einmal herzlichen Glückwunsch von uns allen!

Ohne Geschenk hätten wir uns heute natürlich nicht zur Arbeit getraut – schließlich hat uns unsere Kollegin Heike schon seit Tagen auf deinen Geburtstag vorbereitet. Also sind wir in einer der vergangenen Mittagspausen losgezogen, um etwas Schönes für dich zu besorgen. Das war gar nicht so leicht! Einfallslos sollte unser Geschenk schließlich nicht wirken. Zum Glück hatte Heike die richtige Idee: „Gehen wir doch in einen Baumarkt, da finden wir mit Sicherheit etwas für unseren Heimwerker Carlo“, sagte sie. Gesagt, getan! Als wir im Baumarkt standen, waren wir jedoch wieder so schlau wie zuvor. Aus welcher Abteilung sollten wir dir etwas schenken? Sollten es die Fliesen mit der lindgrünen Farbe sein, mit denen du dein Badezimmer komplett neu ausstatten könntest, oder vielleicht doch lieber ein paar schöne Dachlatten?

Wie das Geschenk gekauft wurde

Heike schrie kurz und schrill auf, als wir ihr diese Vorschläge machten – hatten wir etwa nicht das Richtige für dich ausgewählt? Zum Glück kam Werner die rettende Idee: „Lasst uns doch einmal beim Werkzeug schauen“, forderte er uns auf. Er wusste zudem, dass deine Bohrmaschine seit geraumer Zeit defekt ist und du dir schon seit längerem eine neue kaufen willst. Das war eine Idee, die sogar unter Heikes strengen Augen Gnade fand.

Warten auf die Feier

Also, lieber Carlo, hier ist dein Geburtstagsgeschenk – wer sich daran beteiligt hat, kannst du aus der beiliegenden Karte ersehen. Nun warten wir natürlich gespannt darauf, wann du die erste Flasche Sekt köpfst, damit wir mit dir anstoßen können – du kennst ja deine lieben Kollegen! Noch einmal ganz herzlichen Glückwunsch und alles Gute!

Kurze Geburtstagsreden

Rede eines Freundes

Anlass *Geburtstag eines Freundes*
Dauer *3–5 Minuten*
Stil *heiter*

Lieber Ralph,

kennst du den Ausspruch des deutschen Physikers Georg Christoph Lichtenberg: „Nichts macht schneller alt als der immer vorschwebende Gedanke, dass man älter wird"? Sicher, an seinem Geburtstag denkt man schon daran, dass man wieder ein Jahr älter geworden ist, doch zum Glück bist du nicht der Typ, der ständig über sein Alter grübelt! Vielleicht ist das auch der Grund, warum du stets jünger aussiehst als du bist! Ich jedenfalls wundere mich stets darüber, dass ich neben dir so alt wirke. Vielleicht bist du heute an deinem Geburtstag ja so nett mir zu verraten, wie du das mit deinem jugendlichen Aussehen machst? Möglicherweise steckt jedoch auch gar kein besonderes Geheimnis dahinter, sondern es ist einfach deine fröhliche, unbeschwerte, zum Teil sogar jungenhafte Art, die dich jünger erscheinen lässt.

Zitat zum Älterwerden

Anspielung auf das jugendliche Äußere des Freundes

Was auch immer es sein mag, ich bin jedenfalls froh mit dir befreundet zu sein und wünsche dir zu deinem Geburtstag, dass du dir auch weiterhin deine jugendliche Frische erhältst.

Wünsche für die Zukunft

Rede des Lebensgefährten

Anlass *Geburtstag der Lebensgefährtin*
Dauer *3–5 Minuten*
Stil *feierlich*

Liebe Ines,

Die Angst vieler vor dem Älterwerden

für viele Menschen ist der eigene Geburtstag ja mehr ein Trauer- als ein Freudentag, weil sie nur daran denken, dass sie wieder ein Jahr älter geworden sind. Das erinnert mich immer an das Zitat des irisch-englischen Schriftstellers Jonathan Swift, der einmal sagte: „Jeder möchte lange leben, aber keiner will alt werden." Zum Glück gehörst du nicht zu der eben erwähnten Sorte Menschen, sondern zu denen, die ihren Geburtstag mit großer Freude erwarten, weil er endlich wieder einmal einen Anlass zum Feiern bietet.

Unterschied Jubilarin – andere Menschen

Diese Freude und Lebenslust war es auch, die mich damals, als wir uns kennen lernten, angezogen hat und die mich nach wie vor anzieht – egal, ob du ein Jahr älter oder jünger bist. Gäbe es mehr Menschen wie dich, wäre die Welt wahrscheinlich fröhlicher und freundlicher.

Liebeserklärung an die Lebensgefährtin

Liebe Ines, ich bin kein Freund großer Worte und eigentlich habe ich auch bereits zu viel gesagt, doch eines muss ich dir an deinem Geburtstag noch mit auf den Weg geben: Ich liebe dich!

Rede der Ehefrau

Anlass *Geburtstag des Ehemannes*
Dauer *3–5 Minuten*
Stil *fröhlich*

Lieber Max,

Ein besonderes Ereignis am Tag der Geburt

weißt du, dass deine Lieblingsband, die „Rolling Stones", am Tag deiner Geburt ihren allerersten Auftritt hatte! Wahrscheinlich hat sich deine Vorliebe zu den „Stones" damals bereits unbewusst angebahnt. Jedenfalls hast du dein ganzes Leben mit ihrer Musik verbracht.

Vorstellen des Geschenks

Zu deinem Geburtstag habe ich daher natürlich auch versucht Mick Jagger einzuladen, doch leider hat er noch nicht einmal auf mein Einladungsschreiben geantwortet, so dass ich dich in dieser Hinsicht leider enttäuschen muss. Stattdessen habe ich zwei andere wunderbare Geschenke für dich: Du bekommst von mir zunächst mal eine Karte für das nächste Konzert und dann noch all die CDs der „Stones", die du noch nicht hast – das waren zwar nicht so viele, doch sie aufzutreiben war ebenfalls nicht leicht!

Glückwünsche zum Geburtstag

Ich freue mich schon sehr darauf, mit dir gemeinsam die neuen CDs zu hören – wäre ich kein „Stones"-Fan, hättest du mich sicher auch nicht geheiratet. Alles Liebe zu deinem Geburtstag!

Rede zum Zwillingsgeburtstag

Anlass *Geburtstag von Zwillingen*
Dauer *3–5 Minuten*
Stil *heiter*

Liebe Eva, liebe Karin,

Das Besondere an einem Zwillingsgeburtstag

ein Zwillingsgeburtstag ist ein ganz besonderer Tag – schließlich ist man eigentlich zu zwei Geburtstagen eingeladen. Darum nun zunächst auch doppelte Glückwünsche an euch beide!

Warum die Zwillinge zusammen feiern

Während viele Zwillinge sehr viel Wert darauf legen, diesen Tag für sich zu feiern, veranstaltet ihr bereits seit Jahren ein gemeinsames Fest. „Damit schlägt man zwei Fliegen mit einer Klappe", ist immer eure Devise gewesen. Recht habt ihr, vor allem wäre es für eure gemeinsamen Freunde auch sehr schwierig, auf zwei verschiedenen Festen anwesend zu sein, denn die meisten von uns sind nur in einfacher Ausführung auf die Welt gekommen!

Überreichen eines Geschenks

Liebe Karin, liebe Eva, wir wissen natürlich, dass ihr zwei trotz eurer Ähnlichkeit zwei Individuen seid, die es nicht gern haben, wenn man sie miteinander verwechselt. Aus diesem Grund habe ich euch ein Geschenk mitgebracht, das uns hilft euch voneinander zu unterscheiden: einen Hut für Eva und eine Mütze für Karin. Wenn ihr diese Kopfbedeckungen tragt, gelingt es uns immer, euch auseinanderzuhalten! Auf „den kleinen Unterschied" und auf euer Wohl!!

Rede eines Kindes

Anlass	*Geburtstag einer Mutter*
Dauer	*3–5 Minuten*
Stil	*feierlich*

Liebe Mutter,

Grund für die Rede

so viele Redner gab es bereits vor mir, dass ich ihren Worten gar nicht mehr viel hinzuzufügen habe. Doch natürlich will ich es mir nicht nehmen lassen, zu deinem Geburtstag auch etwas zu sagen!

Lob für die Mutter

Auch wenn wir Kinder es dir nie so richtig gezeigt haben: Du warst und bist für uns die beste Mutter, die man sich nur vorstellen kann. Du hast uns viele Freiheiten gelassen, ohne uns zu verlassen, du warst immer für uns da, ohne erdrückend zu sein und du hast uns stets geholfen, wenn wir allein keine Lösung fanden.

Ich hoffe, dass wir dir zumindest ein wenig von dem zurückgeben können, was du uns gegeben hast. In jedem Fall kannst du immer auf unsere Liebe und unsere Hilfe zählen, wenn du uns brauchst!

Glückwünsche

Liebe Mutter, ich wünsche dir alles Glück dieser Welt zu deinem Geburtstag und hoffe, dass du mindestens 100 Jahre alt wirst!

Zitate und Bonmots zum Geburtstag

Wie alt man gerade geworden ist, sieht man an
den Gesichtern derer, die man jung gekannt hat.
Heinrich Böll, deutscher Schriftsteller

Einen Menschen zu lieben heißt
einzuwilligen mit ihm alt zu werden.
Albert Camus, französischer Schriftsteller

Liebe kennt kein Alter. Nur beim Wein
kommt es auf den Jahrgang an.
Joan Collins, amerikanische Schauspielerin

Man wird alt, wenn die Leute anfangen zu sagen,
dass man jung aussieht.
Karl Dall, deutscher Komiker

Jung zu bleiben und alt zu werden, das ist das höchste Gut.
Deutsches Sprichwort

Man muss die Feste feiern, wie sie fallen.
Deutsches Sprichwort

Man bleibt jung, solange man noch lernen,
neue Gewohnheiten annehmen und Widerspruch
ertragen kann.
Marie von Ebner-Eschenbach,
österreichische Schriftstellerin

Wenn wir ganz und gar aufgehört haben Kinder zu sein,
dann sind wir schon tot.
Michael Ende, deutscher Schriftsteller

Wer aufhört zu lernen ist alt.
Er mag zwanzig oder achtzig sein.
Henry Ford, amerikanischer Automobilindustrieller

Im zwanzigsten Lebensjahr regiert der Wille,
im dreißigsten das Wissen, im vierzigsten das Urteil.
Benjamin Franklin, amerikanischer Politiker

Das Alter als Abstieg zu betrachten ist genauso ungehörig
wie in der Jugend nur ein Versprechen zu sehen.
Jedes Alter ist einer besonderen Vollkommenheit fähig.
André Gide, französischer Schriftsteller

Jedes Jahrzehnt des Menschen hat sein eigenes Glück,
seine eigenen Hoffnungen und Aussichten.
Johann Wolfgang von Goethe, deutscher Dichter

Jugend ist Trunkenheit ohne Wein.
Johann Wolfgang von Goethe, deutscher Dichter

Man muss oft etwas Tolles unternehmen,
um nur wieder eine Zeit lang leben zu können.
Johann Wolfgang von Goethe, deutscher Dichter

Wenn man in der Jugend nicht tolle Streiche machte und
mitunter einen Buckel voll Schläge mit hier wegnähme,
was wollte man denn im Alter für Betrachtungsstoff haben?
Johann Wolfgang von Goethe, deutscher Dichter

Der Jugend wird oft der Vorwurf gemacht, sie glaube,
dass die Welt mit ihr anfange. Aber das Alter glaubt noch
öfter, dass mit ihm die Welt aufhöre.
Friedrich Hebbel, deutscher Dramatiker

Vierzig Jahre sind das Alter der Jugend,
fünfzig die Jugend des Alters.
Victor Hugo, französischer Dichter

Solange man neugierig ist, kann einem das Alter nichts anhaben.
Burt Lancaster, amerikanischer Schauspieler

Es gibt eine Möglichkeit dem Alter zu entkommen,
aber sie ist tödlich.
Robert Lembke, deutscher Journalist

Nichts macht schneller alt als der immer vorschwebende Gedanke, dass man älter wird.
Georg Christoph Lichtenberg, deutscher Physiker

Der Vorteil des Alters ist, dass man die Dinge nicht mehr begehrt, die man sich früher nicht leisten konnte.
Walter Matthau, amerikanischer Schauspieler

Altern ist eine schlechte Gewohnheit,
die ein beschäftigter Mann gar nicht erst aufkommen lässt.
André Maurois, französischer Schriftsteller

Es kommt nicht darauf an, wie alt man wird,
sondern wie man alt wird.
Werner Mitsch, deutscher Aphoristiker

Viele möchten leben ohne zu altern
und sie altern in Wirklichkeit ohne zu leben.
Alexander Mitscherlich, deutscher Mediziner und Psychologe

In jedes Lebensalter treten wir als Neulinge und ermangeln darin der Erfahrung.

François de la Rochefoucauld, französischer Dichter

Kluge Menschen verstehen es, den Abschied von der Jugend auf mehrere Jahrzehnte zu verteilen.

Françoise Rosay, französische Schauspielerin

Die Jugend hat Heimweh nach der Zukunft.

Jean Paul Sartre, französischer Philosoph und Schriftsteller

Jugend ist eine wunderbare Sache.
Wie schade, dass sie an die Kinder verschwendet wird.

George Bernhard Shaw, englischer Schriftsteller

Dem Glücklichen schlägt keine Stunde.

Friedrich von Schiller, deutscher Dichter

Vom Standpunkt der Jugend aus gesehen,
ist das Leben eine unendlich lange Zukunft.

Arthur Schopenhauer, deutscher Philosoph

Kein kluger Mensch hat jemals gewünscht jünger zu sein.

Jonathan Swift, irisch-englischer Schriftsteller

Jeder möchte lange leben, aber keiner will alt werden.

Jonathan Swift, irisch-englischer Schriftsteller

Umgangsformen

Umgangsformen heute
Von H.-G. Schnitzer, 275 S.,
ca. 120 Fotos, 17 Illustrationen,
gebunden
ISBN: 3-8068-**4876**-9
Preis: DM 29,90

Gute Umgangsformen, Takt und Hilfsbereitschaft sind nicht aus der Mode gekommen – ob bei Tisch oder am Arbeitsplatz, auf der Party oder beim Besuch der Schwiegermutter. Dieses nach Sachthemen gegliederte Handbuch versteht sich eher als Verhaltensempfehlung denn als „Benimm"-Vorschrift.

ABC der modernen Umgangsformen
Von I. Wolff, 222 S.,
132 zweifarbige Zeichnungen,
gebunden
ISBN: 3-8068-**4754**-1
Preis: DM 29,90

Umgangsformen – wir alle brauchen sie täglich. Aber wie das Leben, wandeln sich auch die Regeln des Zusammenlebens. Für alle, die eine klare und verlässliche Antwort auf die Frage „Was ist angebracht?" suchen, ist dieses Lexikon eine wertvolle Hilfe.

Der gute Ton im Privatleben
Von R. Bartels, 104 S.,
50 s/w-Zeichnungen, kartoniert
ISBN: 3-635-**60097**-0
Preis: DM 12,90

Die Spielregeln für den zwischenmenschlichen Umgang haben sich gewandelt, geblieben ist jedoch die Forderung, sich auch im Privatleben um rücksichtsvolles Verhalten zu bemühen. Dieser Ratgeber berät Sie in allen Fragen, die sich im modernen Miteinander ergeben.

Business-Knigge von A bis Z
Von I. Wolf, 152 S.,
zweifarbig, gebunden
ISBN: 3-8068-**4887**-4
Preis: DM 39,90

Von **A** wie Abendkleidung bis **Z** wie Zwischenbescheid – dieser Berufsknigge gibt zeitgemäße Empfehlungen für stilsicheres und korrektes Auftreten im Berufsleben. In 150 ausführlichen Stichwortartikeln kommt „der gute Ton" zu Wort; denn der spielt eine immer wichtigere Rolle für Karriere und Betriebsklima.

Richtig auftreten im Beruf
Von G. Teusen, 144 S.,
7 s/w Zeichnungen, kartoniert
ISBN: 3-8068-**1657**-3
Preis: DM 19,90

Eine gute Ausbildung, Selbstständigkeit und Selbstbewusstsein sind heute für die meisten berufstätigen Frauen zur Selbstverständlichkeit geworden. Unsicherheit herrscht hingegen häufig im Bereich der Umgangsformen. Woran soll frau sich orientieren? Dieser kompetente Knigge hilft und verrät, welche Verhaltensregeln zeitgemäß sind.

Krawatten
Von M. Adam, 48 S.,
vierfarbig, zahlreiche Fotos und Zeichnungen, gebunden
ISBN: 3-8068-**1519**-4
Preis: DM 14,90

Ob dezent gemustert oder farbenfroh bedruckt – mit der Krawatte lässt sich individueller Stil demonstrieren. Für alle Männer, die ihrem textilen Halsschmuck den letzten Pfiff geben wollen, ist dieser attraktiv illustrierte Ratgeber eine verlässliche Hilfe.

FALKEN